U0681776

# 史鉴录

## 隋——五代十国

本书编写组◎编著

中国言实出版社

**图书在版编目（CIP）数据**

史鉴录. 隋～五代十国 / 《史鉴录》编写组编著
. -- 北京：中国言实出版社，2015.11
ISBN 978-7-5171-1579-3

Ⅰ．①史… Ⅱ．①史… Ⅲ．①中国历史－隋代～五代
十国时期－通俗读物 Ⅳ．① K241.042

中国版本图书馆 CIP 数据核字 (2015) 第 233775 号

出 版 人：王昕朋
责任编辑：肖凤超
美术编辑：张美玲

出版发行　**中国言实出版社**
　　　　地　址：北京市朝阳区北苑路180号加利大厦5号楼105室
　　　　邮　编：100101
　　　　编辑部：北京市西城区百万庄大街甲16号五层
　　　　邮　编：100037
　　　　电　话：64924853（总编室）64924716（发行部）
　　　　网　址：www.zgyscbs.cn
　　　　E-mail：zgyscbs@263.net
经　　销　新华书店
印　　刷　三河市祥达印刷包装有限公司
版　　次　2016年1月第1版　　2016年1月第1次印刷
规　　格　880毫米×1230毫米　1/32　4.625印张
字　　数　115千字
定　　价　22.00元　ISBN 978-7-5171-1579-3

# 目录

# 杨坚大索貌阅

隋朝刚建立的时候，国家百废待兴。从南北朝开始的偷税漏税现象日益严重，百姓因耕地少而隐漏户口逃税，地主豪强占有土地也同样逃避税收。隋廷国库严重空缺，中央政府的力量被削弱。为此，隋文帝杨坚先后实行了一系列经济制度上的改革，其中最重要的一项措施就是用来整顿户籍和赋役的"大索貌阅"，即按户籍上登记的年龄和本人体貌进行核对，检察是否谎报年龄，诈老诈小。

大索貌阅首先在山东推行，后被推广到全国各地。为了使检查户口的工作得到彻底的开展，隋文帝将任务直接下放到基层组织，并由其承担责任。当时隋朝地方上的最基层组织就是县级国家机构，县级内又分为三个等级：5家为保，5保为闾，4闾为族，分设保长、闾正、族正，三个领头人合称"三长"。隋文帝让"三长"负责大索貌阅的具体事宜，一旦发现其负责的范围内有户口不实的问题，三长就会被发配边疆。

后来，为了使户口检查工作更好地进行，文帝又采用宰相高颎的建议，实行了"输籍之法"。即由国家制定划分户等的标准，发到各州县，每年正月五日，县令派人到农村，依定样划分户等，作为征调赋税、力役的依据。

户口检查工作挨家挨户地进行，由地方官员行使职权并承担责任，因此在一定程度上做到了不遗漏一人。至开皇三年，隋廷查出隐漏的丁男共 44.3 万人，连同其他零碎的隐漏人口共计 164.15 万人——开皇初年时的在册人口才 380 万，也就是说查出了接近人口总数一半的隐漏户口。

隋文帝的户口检查虽看似严厉，像是搜刮户口征税，但其实他的措施里不乏人性化的一面，比如大索貌阅的所有内容都是根据百姓的"三疾"状况而定。隋文帝规定，百姓按病残的轻重程度分"三疾"：部分丧失劳动力者为残疾；全部丧失劳动力者为废疾；不仅全部丧失劳动力而且丧失生活自理能力者为笃疾。大索貌阅据此为残疾人免除（或部分免除）赋役负担，或以残疾程度为依据，给予享受特殊待遇。此外，隋文帝同时规定，凡堂兄弟以下亲属同族而居的，必须分立户口，由此防止了大户人家偷税漏税的行为。最主要的是，根据"输籍之法"的规定，百姓按资产的多寡分为上、中、下三等，这三个等级的百姓需缴纳的赋税徭役数目都低于地主所收的税役。因此，很多原本给豪强地主打工的农民看到做国家的编民更好后都自动脱离豪强地主，成为国家的纳税户。

隋文帝大索貌阅做得细致而到位，既减轻了民众的赋税重担，也增加了国家收入，还打击了大地主阶级的兼并势力，加强了中央集权，可谓一举三得。从开皇初年到大业五年，在不到 30 年的时间里，户口从 380 万户增加到 890 万户，激增了一倍多。大业五年，隋文帝的接班人隋炀帝在大臣裴蕴的建议下，再度推行大索貌阅，并立法规：凡是某地户口发现有一人不实，当地长官即被削职；若某人检举出某家隐匿一个丁男，则该人的赋役由被检举出的家庭代缴。此法规颁布后，共计增加丁男 20.3 万，增加人口 64.15 万。

在隋文帝进行的一系列经济改革措施中，除了大索貌阅这一项，还有府兵受田、减免赋役、统一货币以及取消公廨钱等。这些改革同时进行，相辅相成，因此"大索貌阅"的成效得到了最大的发挥。在隋文帝的改革下，更多的百姓参与了劳动生产，当时的农业得到了发展，当时的中国成为了盛世之国。

历史学家范文澜评价隋文帝说："隋文帝主要的功绩，在于统一全国后，实行各种巩固统一的措施，使连续三百年的战事得以停止，全国安宁，南北民众获得休息，社会呈现空前的繁荣。秦始皇创秦制，为汉以后各朝所沿袭。隋文帝创隋制，为唐以后各朝所遵循。秦、隋两朝都有巨大的贡献，不能因为历年短促，忽视它们在历史上的作用。"

# 赵绰挫龙威

北周末年，大丞相杨坚总揽朝政。杨坚发现赵绰正直刚毅，就引荐他当了录事参军。后来杨坚消灭北周，建立了隋朝，任命赵绰当了大理丞。由于赵绰按照法律办事公正适当，并且他的考察成绩连续几年都是头名，所以没多久杨坚又提拔他当了大理正。之后，赵绰升迁为尚书都官侍郎，不久转为刑部侍郎。无论在哪个位置上，赵绰都能做到执法不阿，他也因此被世人所敬仰。

在开皇初年，社会上的偷盗抢劫等犯罪现象很常见，并且怎么也制止不了。隋文帝对此下了一道命令："一旦抓到这样的罪犯，都要用严刑来惩治。"可是有一人不同意皇帝的这种做法，他就是赵绰。他向皇帝进谏说："现在国家刚刚稳定，需要用尧舜之道治理。法律是天下最重要的信约，是不能够失去的。"皇帝认为他说的有道理，于是就打消了加重刑罚的念头。

后来赵绰被提升为大理少卿，掌管国家的刑狱。有一次皇帝要杀刑部侍郎辛亶，原因是辛亶穿过红裤子。老话说，穿红裤子对一个人的仕途很有好处。然而隋文帝却认为这纯粹是在蛊惑人心，就把辛亶交给大理寺，希望大理寺判他死刑以儆效尤。对此，赵绰进言说："按照国家的律令，不能判处辛亶死刑，所以陛下的命令我是不能照办的。"隋文帝听了很生气，说："你只是怜惜辛亶的死活，难道就不顾及你自己的性命了吗？"随后就命令左右要将赵绰拉出去杀了。赵绰说："陛下即使把我处死了，也希望您不要杀辛亶。"赵绰的官服在朝堂上就被行刑的人脱了下来，这时隋文帝问赵绰："现在你要改变主意还来得及。"可是赵绰仍然不屈服，毅然说道："我一心一意地按照法律办事，即使搭上了我的性命我也不怕。"隋文帝见他还不屈服，就气冲冲地回到了后殿。经过一番思考后，隋文帝觉得赵绰说的很有道理，于是没多久就下令把他放了并且表彰了他的行为。

后来隋文帝颁布了一条法令，严禁市场上使用劣质铜钱。有一次，巡逻的士兵在市场上捉到了两个人，原来他们在用劣质的铜钱换东西。隋文帝知道了这件事情很是生气，下令要将他们杀掉。赵绰进谏说："按照法律，他们罪不至死，只能判他们杖刑罪。"隋文帝说："这事儿你不要管了。"赵绰说："陛下任命臣当掌管司法刑狱，现在要杀人，怎能说和臣没关系呢？"隋文帝坚决要赵绰执行自己的旨意，可是赵绰就是不听，两个人僵持了半天也没有一个结果。后来书侍御史柳彧给隋文帝上疏，劝说隋文帝接受赵绰的建议，隋文帝这才答应没治那两个人的死罪。

有一个叫来旷的官员也在大理寺任职，他知道赵绰时常顶撞皇帝，让皇帝不满。为了迎合皇帝，他参了赵绰一本。他在奏章中说："大理衙门执法不严格。"言外之意，就是说赵绰不按照皇帝的意思办事。皇帝看了之后，认为他说得很对，就给他升了职。

来旷升了官之后，又告了赵绰一记黑状，说他徇私舞弊，把不该赦免的犯人放了。隋文帝对此有点不相信，就派人去核实，结果证明来旷纯属是诬告。隋文帝很生气，立即下令要将来旷处死。他把来旷交给赵绰处理，并且认为赵绰这次肯定不会跟自己做对了。谁知赵绰说："来旷虽然犯了罪，但是不应该判处死刑。"经过一番解释，隋文帝同意了赵绰的看法，赦免了来旷的死罪，将他革职流放了。

隋文帝到了晚年的时候，猜忌心比以前更加厉害了，因而时常会做出不按照法律规定动用严刑酷法的事情。每当这种情况发生时，赵绰都会勇敢地站出来，帮助隋文帝改正他的错误行为。隋文帝还算是一个开明的皇帝，看到赵绰对自己是真的忠心，也就没有因为他冒犯自己而治他的罪。

# 辛公义散财

在中国古代的官吏中，有一个人被老百姓称为"慈母"。不要望文生义，这个老百姓的"慈母"可是个地地道道的男人，他就是隋朝的辛公义。

辛公义幼时丧父，母亲一个人把他拉扯大，而且还亲自教他读书。北周武帝天和年间，朝廷挑选品性好的人做太学生，辛公义因为刻苦学习被选中。周武帝定期召辛公义到身边，让他与那些博闻强识的学者们切磋交流。辛公义多次凭自己过人的学识得到周武帝的称赞，其他人也非常佩服他的才能。

辛公义"慈母"的称呼是怎么来的呢？原来他在岷州任刺史的时候，发现当地流行一种很不好的风俗，就是非常害怕病人。如果一个人不幸染病，不仅外人，连自己的家人也都会躲避他。亲人之间互不照料，忠孝仁义的传统美德在此地统统失去了作用。因为得不到其他人的照料，很多患病的人都因病离世。辛公义决定改变这个不良习俗。他派遣手下官员回到各自的辖区，只要发现患病的人，就把他们带到府衙里，每个人都安排床铺。有一次大疫情时，病患达到数百人，府衙内外到处都是病人。辛公义把自己的俸禄全部拿出来，用来请医生治疗患者。不仅如此，他本人公务之余还亲自为病人喂食。在辛公义的细心照料下，病人纷纷康复。辛公义把病患的亲人召到府衙，对他们说："你们看，我把患病的人都聚集起来，每天与他们朝夕相处，可我现在却没有染病，而病人经过治疗也全部恢复了健康，你们不要再像过去那样对待病人了。"

那些病人的亲属们听了辛公义的话，都十分惭愧，他们带着痊愈后的病人千恩万谢地离开了府衙。后来岷州只要有人患病，就会到辛公义那里去，无依无靠的病患，都可以得到辛公义的供养。岷州百姓开始懂得关爱，原来的旧习俗在辛公义的处理下，得到了极大的改善，于是当地的百姓都称呼他为"慈母"。表面上辛公义是在挽救当地人的健康，更深层次的是在挽救当地人的良心。试想一下，如果人的良心丧失了，就算有生命，也和行尸走肉没有多大的差别。可以说辛公义拯救了岷州人的心灵。

后来，辛公义被调往牟州担任刺史。刚一到任，风尘仆仆的辛公义就直奔牟州的监狱审案，直到把陈年旧案全部断完，辛公义才来到自己的府衙。在审理新的案件时，辛公义都会专门指派一个辅助官员坐在旁边审问。若案子没审完，辛公义就不回自己的住处睡觉。有的下属看不过去，就忍不住劝他："审案不是一朝一夕的事情，大人何苦这么折磨自己。"辛公义回答道："我作为刺史，没能用德行教化百姓，才导致他们犯错入狱。既然有百姓坐牢，我心里怎么会踏实呢？"那些犯了罪的人听到辛公义的话后都诚心服罪。渐渐的，一出现想打官司的人，他的亲朋好友就会劝导他："你怎么能忍心让刺史大人为这样鸡毛蒜皮的小事花费精力呢？"很多人听了这话，觉得有道理，就及时停止了打官司的想法，采取与对方和解的方式解决问题。

后来，山东遭受水灾，多处地区受到水患威胁，只有牟州安然无恙，这是因为辛公义早已未雨绸缪，提前进行了妥善的安排，牟州百姓因此对辛公义更加感恩戴德。

辛公义因为把百姓的利益放在最重要的位置，才会有这些发自
内心的真诚行动。他是后世为官者的一个榜样。

# 燕荣滥刑

　　燕荣是隋文帝时期著名的酷吏，对人严厉并且残暴，可谓是心狠手辣。他为官期间，用残忍的手段严厉打击了地方上那些凭借职位滥用权力的豪门贵族。对于那些犯人，他更是实行严刑拷打的政策。他的暴行还不仅仅是这些，有时他的下属有一点不对他的心意，他就会对那个下属百般刁难，甚至将下属残忍折磨致死。这一切对燕荣来说就像是家常便饭一样。

　　燕荣当上了青州总管，任职期间亲自物色了一些彪形大汉充当衙门里掌刑的衙役。每次审理案件的时候，他都会让这些手下给犯人上大刑，直到把犯人打得皮开肉绽。当地的盗贼或者是其他那些想要做坏事的人，听说燕荣执法这样严厉苛刻，都没有了作案的心思。因为他们害怕被燕荣逮住之后被他用大刑打死。不仅当地的老百姓害怕燕荣的严刑峻法，很畏惧他；而且其他州县的人经过青州地界时，也都不敢停下来在青州留宿。就这样，在燕荣的"名声"的影响下，青州境内没有什么盗贼作案了，社会秩序也渐渐地稳定了下来。隋文帝听说燕荣将青州治理得还不错，因而对他很是赞赏。

　　后来燕荣当上了幽州总管。当地的官员早就听说了燕荣的大名，因此面见他的时候，心里忐忑不安，他们担心自己一不小心出了差错就会被他整死。燕荣仍然保持着性情残暴的本性，用严厉手段打击当地的豪强势力。当地卢氏是一个大家族，燕荣让卢氏家族的人为自己跑腿儿，用这种方式侮辱卢氏家族。

有一次，燕荣出去巡视，在路上看到了荆棘。他认为可以用荆棘来打人，于是就试了一试。有一个被打的人为自己辩解说自己没有犯罪。燕荣说："我今天打了你，以后你要是犯了罪，我就免你的罪，不惩治你了。"可是后来，这个人真的犯了一点小的错误，燕荣又要打他。这个人说："前几天您打我的时候，不是说我犯了错误可以放我一马的吗？"谁知燕荣却说："你没有罪过的时候就该打，更别说现在你有了罪过，因而我更要打你。"于是，燕荣像上次一样又狠狠地抽打了那个人一顿。

燕荣每次巡视幽州境内的时候，看到漂亮的女子，不管她是百姓家的还是官吏家的，都会把那些女子弄到手并且奸污。当地很多人都受到过他的侮辱，即使当时的幽州长史元弘嗣也不例外。元弘嗣因为害怕燕荣侮辱自己，就想辞官不干，但是隋文帝没有同意。为了保护元弘嗣，隋文帝给燕荣下了一道敕书："如果元弘嗣犯了鞭打十下以上的罪过，你都必须向我禀报。"燕荣认为元弘嗣拿皇帝来压他是对他的回击，因而心里更是怨恨。有一次，他派元弘嗣监管百姓缴纳粮食，想要通过此事给元弘嗣找一些麻烦。燕荣说："你收上来的粮食里面，要是有一点米糠，那么我就要惩罚你。"结果收上来的粮食里面有米糠，燕荣就以此为借口鞭打元弘嗣。虽然每次打他都不超过十下，但是每天都会打他好几回。后来燕荣干脆就将元弘嗣关进了大牢并且不让他吃东西。元弘嗣饿得实在不行了，就拿衣服里面的棉花充饥。

燕荣的暴政一天胜过一天，最终引起了隋文帝的注意。他派考功郎刘士龙调查燕荣，结果证实燕荣的罪名都成立。隋文帝收到刘士龙的上奏，知道了燕荣的罪行，十分愤怒，接着就下令将燕荣召回京城赐他一死。

# 梁毗哭金

梁毗字景和，安定乌氏人，是隋朝的一个大臣，历任京城和地方要职。他曾在西南民族地区任刺史长达十多年，期间他励精图治，使得地方一片安宁，因而当地的百姓都对他十分敬仰。此外，他刚正、清廉的品行更是被后人广泛传颂。

隋朝统一全国后，各个方面逐渐走上了正轨。可是，在西部少数民族地区还有一些恶习，比如当地盛行一个现象——收藏黄金。各个民族部落酋长都十分注重黄金，因为金子越多越能代表他是一个富贵之人。正是因为这个原因，各个部落之间经常会发生争斗，那些占有大量金子的部落都遭到了其他部落的打击。各个部落之间打来打去，使得西部地区陷入了混乱的局面，老百姓是苦不堪言。

当时梁毗是西宁州刺史，曾经多次发出公文禁止各个部族之间打斗，但是各个酋长却根本没有将梁毗的忠告放在心上，依旧争斗不止。酋长们也不是只懂得打仗，也懂得巴结刺史的重要性，于是纷纷送金子给梁毗。没多久，梁毗收到了很多酋长送来的金子，而且一个比一个送得多。梁毗陷入了两难之中：要是将金子都退回去吧，相信他们会十分不高兴；要是不退回去吧，他们会更加放纵自己。梁毗想来想去，最终认定这些金子不能收，但是又该怎样退回这些金子呢？梁毗思索了半天，终于想出了一个好主意。他嘱托下人："你们赶紧准备好请帖，并且准备好食材，明天我要请那些酋长来吃饭。"

到了第二天，酋长们都来赴宴。就在酒过三巡大家都微醉之时，梁毗让下人将酋长们送来的金子放在了桌子上，之后便大声哭起来。一时间所有的酋长都愣住了，都不知道梁毗演的是哪一出。有一个酋长站出来，试探着问："难道大人是觉得我们送的金子不够多吗？"

梁毗用力摇了摇头，继续哭着说："金子这种东西，既不能当饭吃，也不能当衣服穿。你们为了金子，相互之间发起斗争，使得百姓不得安宁。如今，你们都送给我金子，是不是等我的金子多了起来，紧接着就会对我下手呢？"

众酋长赶紧摇头，不约而同地说："我们送金子给刺史大人，完全是出于一片好心，绝无歹意。"

梁毗又问道："可是你们为什么为了争夺黄金而相互挑起事端呢？"

几个酋长听了之后，面面相觑，都露出了惭愧之色。这时，梁毗站了起来，将金子原封不动地还给了每个酋长，说："这些金子我不能收，你们就拿回去吧。以后你们该怎么做，我想就不用我多说了吧。"说完，就让下人送客了。

经过这件事情之后，各个酋长再也不会为了抢夺别人的金子而兴师动众了，当地的社会秩序也渐渐地稳定了下来。隋文帝知道了这个情况，心里十分高兴，于是大力夸奖了梁毗，并且提升他为大理卿。

梁毗哭泣拒金，是因为他明白拿人钱财、替人消灾的道理。酋长给梁毗送金子，其实就是看中了他手中的权力，有求于他。

如果梁毗将那些金子据为己有，那么就有可能因为贪污而失去生命。

# 好大喜功的隋炀帝

　　隋文帝杨坚结束了中国魏晋南北朝以来的分裂局面，中国重新成为一个统一的国家。经过十几年的整理，国家从战乱中恢复，并日渐强盛。杨坚死后，其子杨广继承了帝位，这就是隋炀帝。

　　隋炀帝是一个以建立不世功勋为理想的君主，并竭力把自己的恢宏抱负一一付诸行动。

　　公元605年即大业元年，隋炀帝征河南与淮北地区百万百姓开挖通济渠，以沟通黄河与淮河。在当时本有两条水路可以沟通两河，一条是从黄河经济水、菏水、泗水而入淮河，有一条是从黄河经汴渠、泗水而入淮河。但这两条水道都有着重大缺陷，难以发挥良好的运势作用。前一条水道绕行过多，后一条河道弯曲，安全性较低。于是隋炀帝决定重新开辟一条新的水路，也就是通济渠。通济渠从河南汜水县东北的板渚引黄河水，经汉时开通的汴渠而下，在浚仪与汴渠分离，途径陈留、宋城、永城等地，最终注入淮河。通济渠连接了黄河与淮河，人工造出了北方运输的最佳水道。

　　在北方民众开挖通济渠的同时，隋炀帝又征调十几万淮南百姓对邗沟进行改造。邗沟本是春秋时期吴王夫差派人开凿的一条运河。开皇七年，隋文帝曾派人将邗沟东段加宽、挖深，虽然东线湖泊广阔，有利于大型船只通过，但水路绕远，对运输不利。因此，大业元年，隋炀帝下令疏浚邗沟西段，以利于通行。

大业四年，隋炀帝又征集黄河以北百万人民，开凿永济渠。永济渠从黄河北岸沁水的入口处开始，直向东北，经过海河，最终到达涿郡，也就是今天的北京。沁水不仅水量丰富，而且其入河口与通济渠起点距离较近，这样就相当于把两条运河连接起来了。

大业六年，隋炀帝又征调大量民工开挖江南河，将镇江到杭州八百多里水路修整为十多丈宽、可以行使龙舟的程度。这是历朝对江南地区运河工程量最大的一次。

至此，大运河得以全部贯通。从北向南，经永济渠、通济渠、邗沟、江南河四段运河，将海河、黄河、淮河、长江、钱塘江五大水系连接起来，建立了北起涿郡、南至余杭的便捷水道。大运河成为了南北方运输的最重要的水上通道。京杭大运河开通后，全国的物资流转速度加快，各地区社会文化交流增加，中央对运河流域的控制力度也大大加强了。

这条运河对于中国的南北运输产生过巨大的作用，是世界上开凿最早、规模最大的运河，而这项创举是隋朝的百姓创造的。大运河的修建本已经征调数百万民工，但由于劳力不足，甚至征调了大量妇女服徭役，导致民心惶惶。国库也因为大运河的修建耗费甚巨。大运河建成之后，隋炀帝却无视人民死活，又耗费大量民力，为自己乘船巡游江南建造豪华的龙舟。他曾多次带着文武百官坐船游玩江南，光拉船的纤夫就有 8 万之众。他自己所乘的龙舟，高 45 尺，长 200 尺，有多达 120 个房间，全部用金玉装饰。

由于长期被征调参加各种徭役，人民无法投入正常的生产，生活困难，民怨四起。即便这样，好大喜功的隋炀帝还是不给人民休养生息、专心生产的机会，又开始了他开疆辟土的"伟业"。早年，他在跟随父亲隋文帝杨坚打天下时，就曾担任扬州总管，平定江南叛乱，后又带兵北上击败突厥进犯，立下了赫赫战功。在军队中建立的威信使他非常迷信武力战争的力量，他多次发兵征战高丽、吐谷浑和突厥。

609 年，隋炀帝亲征吐谷浑，高昌王臣服。611 年，炀帝集百万大军于涿郡，想要攻打高丽，并强征百万民夫运输军队辎重。612 年，隋炀帝第一次出征高丽，因为自负实力雄厚，过于轻敌，导致兵败，久战不下，陷入战争泥潭，最后不得不撤兵。但是，隋炀帝并没就此罢手，接下来的两年，他又征兵百万两次出兵高丽，最终打得高丽遣使请降，这才班师回朝。

隋炀帝对外用兵几乎都取得了胜利。然而，这些开疆拓土的战争，对人力和物力产生巨大的消耗，使隋朝损失了大量的主力军，而且繁重兵役给人民带来了沉重的负担，人民的承受能力已经接近极限，终于招致人民的反抗。大运河贯通还不足十年，风起云涌的农民起义就埋葬了隋朝。

隋炀帝仅当了 14 年的皇帝，这短短的 14 年中，他除了修通运河、开疆扩土之外，还修建了恢宏气派的东都洛阳，开发了西域，完成了一般帝王难以企及的伟业。但是他好大喜功，急功近利，根本不在意人民的死活，把百姓当成随意驱使的牛马，终于招来了人民的反抗，使隋代一朝覆亡。

# 李渊施行租庸调制

纳税的制度由来已久。税收取之于民，而民以农为本，故此纳税制度通常跟田地制度有关。自北魏孝文帝颁布均田令后，后代各朝政府都沿用均田令，把土地分配给农民后向农民征税。各朝的税收政策本质上大同小异，但不同朝代的土地分配制度仍存在差异，因此税收政策也不尽相同。

隋朝规定妇女也可以获得田地分配权，不过她们能持有的土地面积只有男丁的一半，这一半的土地却还要交跟男丁一样的税收。也就说，如果一个家庭只有一对夫妻，这对夫妻持有的田地面积是一个单身汉的 1.5 倍，但他们要交的粮税却是这个单身汉的 2 倍。明显不合理的税收使得隋朝的"单身汉"变多，人们或者不娶妻，或者纷纷谎称无妻来逃税。

自南北朝后期，杂户、官户以及工商业者的身份都在逐渐上升，唐代实行均田制时把这些人也加了进去。唐朝的均田制规定：每个成年的农民都授田 100 亩，年老及残废人的田亩数减半，尼姑和尚也授田，男 30 亩，女 20 亩。此外规定，妇女一般情况下不授田，但是寡妇可以持有 30 亩，这样就解决了隋朝时"籍多无妻"、假光棍泛滥的怪现象。

　　"分田到户"只是保证了税收的初步条件。为了使征税更加合理，唐高祖以轻徭薄赋的思想改革赋税体制，在隋朝"民年五十，免役收租"的基础上施行了租庸调制。"租庸调"的"租"是指成年男子每年向官府缴纳一定量的谷物，"调"是指缴纳定量的绢或布，"庸"是指以纳绢或布代替服徭役。

　　租庸调制的特色在于，它是建立在均田制的基础上，规定每个持有土地的家庭，不论土地、财产的多少，都要按丁交纳同等数量的绢、粟。这样就避免了税收的烦琐环节，也减少了逃税的行为。另外，租庸调制又规定可以纳绢来代役，让农民不必烦恼因为要服役而耽误农耕。这样保证了农耕的时间，因此推动了农业的发展。如唐朝陆贽所言，"有田则有租，有家则有调，有身则有庸。""其敛财也均，其域人也固，其裁规也简，其备虑也周。"

　　租庸调制和均田制的配合实施，使得当时户户有田，粮食产量不断增加。此外，唐朝继续沿用隋朝的大索貌阅的户籍制度，定期检查户口，保证税收的稳定。有了上述这些利民措施，百姓安居乐业。租庸调制不仅大力促进了唐初的农经生产，而且保证了政府的税收，巩固了稚嫩的政权。

　　租庸调制是以均田制的推行为前提的，农民在拥有土地的基础上才会纳税。在实行均田制的情况下，即使每个人未能真正按照法令所规定的占田百亩，但只要他们拥有一定数量的田地，还是有资本来交税的。但是到了唐中后期，如北宋刘恕所说："魏、齐、周、隋，兵革不息，农民少而旷土多，故均田之制存。至唐承平日久，丁口滋众，宙无闲田，不复给授，故田制为空文。"人口日渐增多，以及地主豪强兼并土地的现象再次出现，均田制遭到了破坏。

　　农民能拥有的土地变少，他们被迫放弃土地，农户数目剧减。农户户口减少，意味着税收变少。此时，唐朝中央政府还按照原来的规定征税，额度并没有减少。地方官吏为了保证税收，把逃户所欠的税款摊派给他们的邻居。邻居赋役重，食不果腹。李渤痛斥"聚敛之臣剥下媚上，惟思竭泽，不虑无鱼"。武则天时，狄仁杰指出，江西地区的农民"纳官之外，半载无粮"。而诗人杜甫也在诗中愤慨："朱门狗肉臭，路有冻死骨。"可见，均田制的破坏使得初期合理的租庸调制变成了严重的苛政，导致了百姓的苦难和唐朝经济的崩溃。

随着均田制趋于崩坏，租庸调制固有的不合理性和制度上的缺陷也逐渐暴露。安史之乱之后，唐朝社会秩序更加混乱，一切制度均无法施行，均田制彻底遭受破坏，租庸调制随之瓦解。为了解决国家的财政危机，唐德宗建中元年（780年），租庸调制被两税制代替。

# 一代雄主李世民

唐太宗李世民经历了隋末的战乱和唐初的宫廷政变，深知做皇帝不容易，需要靠众大臣的辅佐。而大臣是否用心协助，要看他们敢不敢谏言。所以，他在位期间，鼓励大家谏言，并虚心听取，这为开创中国历史上著名的"贞观之治"打下了良好的基础。

当初李世民刚被立为太子的时候，就鼓励百官为治理国家大胆谏言。登基之后，他专门下诏，再次鼓励文武官员谏言。最开始，唐太宗在上朝的时候十分威严，因此大臣们都比较怕他，上书时都很注意言辞，不太敢针砭时弊。有人把这种现象告诉了唐太宗，他意识到问题后，马上改变态度，上朝时和颜悦色，私下里也诚恳地听取大臣们的意见。他对上书和提意见的人说："人欲自照，必须明镜，主欲知过，必借忠臣。公等每看事有不利于人，必须极言规谏。"以后又多次表示，即使说的不对，也绝不追究。从那之后，大臣们不再有顾虑，纷纷上书，一时间奏折堆积如山。不过唐太宗一点都没嫌多，对每一封奏折都很重视，有时候看不完便贴在墙上，出入的时候看，经常处理朝政到三更半夜。

唐太宗鼓励直言进谏，但并不是谏官说什么他就信什么。广开言路之后，一次有人利用进言的机会诬告忠良，最终被他识破。一位言官跟魏征闹了矛盾，就找了几个同伙一起用匿名信上书诬告魏征，说他结党营私，蓄谋造反。唐太宗调查了之后，发现魏征是被冤枉的，于是说：“那些小人趁进言的机会诽谤他人，离间君主和贤臣，这并非什么利国利民的事情，要是以后再被我发现这样的事情，我会按照诽谤别人的罪名，按法处理。”他同时下令以后禁止写匿名信，并说：“匿名信这股风气要是开了，以后就一发不可收拾了。”

唐太宗用人注重才能。陈君宾是邓州刺史，当时战乱刚过，加上水灾、旱灾不断，百姓流离失所，民不聊生，就连官府的粮仓很多都是空的。陈君宾上任之后，带领人民大力恢复生产。第二年，很多地区发生涝灾，而唯独邓州没有什么大损失，因为陈君宾早就有所防备，派人进行了提前抢收。邻近的州因为受灾，没有收成，灾民纷纷逃到邓州讨饭。陈君宾组织当地的官员和富户开仓放粮，帮助其他各州的百姓渡过难关。唐太宗得知这件事后，立即下诏奖励陈君宾，并让人给他记功。

洛州司马贾敦颐被捉拿下狱，原因是他管辖的地区没有收够当年的税租。因为他在担任洛州司马之前还曾在好几个地方任职，所以唐太宗对他有印象。经过调查，唐太宗发现他之前名声很好，是个清廉的官员，于是想要保释他出来。不料，刑部尚书坚持依法办事，不打算释放贾敦颐。唐太宗亲自为他求情，说：“人非圣贤，孰能无过？他以前是个清廉的官员，深受百姓爱戴，这次确实事出有因，怎么能因为一点小的错误就毁掉这样一位优秀的官员呢？”就这样，贾敦颐被赦免，官复原职。

唐太宗用人同时注重德行。他曾对左右大臣说：“用人必须以德行和学识为本，选拔人才要谨慎，不可随意用人。如果你用了一个贤能，那么别的贤能也会被吸引来；如果你用了一个小人，跟着来的就是小人了。”特别是对于地方官的选拔，唐太宗尤为重视其德行。唐太宗曾对大臣们说："朕身居宫中,能听到和看到的事情很有限,听到的百姓心声都是通过地方上的都督和刺史传达的,所以,这些地方官是国家统治的中坚力量,一定要选对人才行。"为了选出好的都督和刺史,唐太宗命人把现任都督和刺史及候补官吏的名字都写在自己卧室的屏风上,每天进出的时候都能看见。每当有哪个地方官犯错误或者立功,他都在屏风上那人的名字边上记下来,用来做任命的参考。

为了更好地考察地方政府,唐太宗还会不定期派遣大臣到各地进行考察。唐太宗有时候会要求这些钦差大臣微服私访,这样就掌握了地方政府在百姓心中的真实印象,然后根据这些评价来奖善除恶,很多作恶多端的官吏被治罪,同时很多清廉的官吏得到提拔和重用。

在建设中央和地方政府时,唐太宗非常重视人才培养,他常说:"为政之要,首在得人,用非其才,必难致治。"唐太宗把举贤纳谏、广罗人才看成是刻不容缓的事情。他选拔人才看的不是资历深浅,不是出身高低,也不是和自己关系好坏,而是这个人是不是真的有德有才。

马周在贞观五年时到了京师长安,在中郎将常何家中做食客。当时唐太宗让文武百官上书说他的得失,马周帮助常何罗列出二十余件事情,让他上奏,结果唐太宗看了之后非常满意。唐太宗非常高兴,准备重赏常何,常何说:"这些都不是微臣的意思,都是属下的食客马周所提出的,陛下要赏就赏他吧。"唐太宗即刻召见马周,马周没有轿子,也没有马车,所以迟迟不到,但是唐太宗坚持等他,等了很久终于等到。马周到了之后,唐太宗与他谈得很高兴,当即授予他监察御史一职。

马周为人聪明,又博学多才,了解国家大事,他提出的建议每次都让唐太宗很满意。唐太宗有一次对大臣们说:"马周要是很长时间不上奏，朕就要想想自己有什么不是了。"贞观十八年，马周官升中书令，兼职太子左庶子。后来马周因为处事得当，得到众人的赞赏，又被升任为吏部尚书。太宗经常对身边的侍者说："马周处事果断，考虑周全，评价他人的时候直言不讳，朕对他非常满意。"

为了发掘和召集到更多的人才，唐太宗还推广、完善了科举制度。开科取士成了唐朝的定制，并被后世一直延续了下来，直到清末才取消。唐太宗看着第一批参加科举考试的各地举子们鱼贯进入考场时，哈哈大笑说："天下有才能的人都落到我的手里了。"

由于唐太宗求贤纳才、知人善任，因此在贞观时期，大量的优秀人才到朝中为官，一个个兢兢业业，为国家建设竭尽全力，最终唐朝出现了贞观之治的大好局面。唐太宗作为求贤纳谏、克己恤民的明君，在中国古代帝王中异常醒目，并被后世极力称赞。

# 千古第一诤臣

唐太宗在位期间出了一大批优秀的谏官，魏征就是其中的代表人物。

唐太宗刚刚即位时，百姓饱受战乱之苦，民生凋敝，土地荒芜，内部农民不断占山为贼，外部突厥等少数民族屡为边患。如何治理这个国家，如何将唐朝的统治稳定下来，成为唐太宗李世民的头等大事。他即位之初，对于短时间内治理好这样一个国家完全没有信心，但他手下的谏议大夫魏征却不这么看，他对唐太宗说："人口渴了就想喝水，肚子饿了就想吃东西。天下经过大乱之后，老百姓就渴望安定，所以其实并不难治理。"他劝导唐太宗对百姓施以教化，用礼义教育百姓，就可以在短时间内取得效果。

然而宰相封德彝并不同意魏征的意见："夏商周以后的朝代，百姓越来越刁蛮，所以秦朝才会用酷法，汉朝才会仁义与高压并行，这两朝都想达到国家的安定，但是却无法做到。因此对老百姓一定要比之前更加的严厉。魏征不过是个好发牢骚的书生，对于治理国家只会说些没意义的空话，皇上不必相信他。"

魏征据理力争："商汤将夏朝的最后一个君主夏桀流放之后，还有周武王率兵讨伐商纣王之后，因为君主实行教化，都在短时间内出现了安定繁荣的局面。其实道理很简单，用对付强盗的严刑峻法对待百姓，百姓就会变成强盗。用礼义来教化百姓，百姓就会知书达礼。"

唐太宗最终采纳了魏征的意见，而没有选择封德彝严刑峻法的主张。

在礼义推行的整个过程中，魏征都严格要求唐太宗。只要觉得唐太宗的行为不合礼义，他就直言进谏。即使有时候让唐太宗十分生气，他也面不改色，决不改变自己的主张。

隋朝末年，天下大乱，当时北方的突厥开始壮大。唐朝统一中原后，突厥人趁唐朝国力不足之际，连年侵扰内地，掠夺人口和财富。唐太宗刚刚即位，二十万突厥大军直逼唐都长安城外渭水便桥之北，距长安城仅四十里，京师震动。此时唐朝军力不足，唐太宗摆下疑阵，智退敌兵。可这终归不是长久之计。为了对抗突厥，唐太宗决定扩大兵源。他与大臣就此商量对策，最终采纳了宰相封德彝的意见，认为可将已满 16 岁但未足 18 岁的身体较为健硕的男子征为府兵。

然而，命令下达到魏征那里，他却予以退回。反复多次之后，唐太宗大为震怒，立即召魏征进宫，责问道："我下这个旨意，是因为我知道有人因为想逃兵役而故意隐瞒自己的年龄。你为什么要多次阻挡旨意的下达？"

面对满脸怒气的唐太宗，魏征从容答道："把水淘干了来捕鱼，第二年就没有鱼可捕了。把树林烧了来抓野兽，第二年也就没有野兽可抓了。这个道理臣私下认为皇上十分清楚。当兵打仗也是一样的道理，把那些健壮的兵士凑到一起，指挥得当，就可以击败任何人，又何必让那些还没有成年的人去充数呢？而且陛下常说天子要用诚信来治理天下，可如今朝令夕改，怎么能让百姓相信呢？"

唐太宗恍然大悟，为此还奖励了魏征。

有一次，大臣们请求太宗去泰山封禅，想借此炫耀功德和国家富强，只有魏征表示反对。

唐太宗觉得奇怪，便问魏征："你不同意进行封禅，是不是认为我的功劳不高？"

魏征回答说："隋末天下大乱以来，百姓生活尚未恢复，国库空虚，一路出行肯定耗资巨大，沿途百姓怎么承受得了？"

唐太宗觉得他说的有道理，便打消了封禅的念头。

濮州刺史庞相寿因为贪污，被人弹劾，失去了官职。因为他以前曾经在亲王府中为李世民做文书工作，于是找到当时已经成为皇帝的李世民，希望皇上能够念及旧情，网开一面。唐太宗知道他的情况后，果真想要免除他的处分，将他官复原职。

而魏征的话却让唐太宗改变了主意："皇上过去做了很长时间的秦王，如今朝野内外，曾经为陛下做过事情的人数不胜数。如果对所有曾经在您身边工作的人都因私情而格外对待，那么那些与陛下没有私情，但是光明正大的人注定就会远离的。"

唐太宗仔细思考了魏征所说的话，认为的确有道理，便接受了魏征的建议。他召见庞相寿说："以前我是秦王，不过是一个王府的主人，可如今我是皇帝，是全天下人的主人，不能够偏袒自己以前的下属。我的大臣们都按照法律办事，作为皇帝我自然得做表率，不能够徇私情啊。"出于对老下属的感情，他送了些绸缎聊表心意，然后就拒绝了庞相寿。

由于唐太宗对魏征越发器重，引来了一些人的妒忌，他们在唐太宗面前诬告魏征以权谋私，后来虽查无实据，但唐太宗仍叫人吩咐魏征要注意检点行为，避免他人猜忌。

然而魏征却根本不管这些，在第二天见到唐太宗时他直接说："君臣应该默契一体，才能将国家治理得当。如果臣每天心里想着的，不是国家大事，而是怎么检点行为，不让他人猜忌，那么我就没有办法完成自己的职责。如果所有的大臣都这样的话，那国家就很难强盛。"

　　一席话说完，唐太宗非常赞同他的看法。魏征却并未就此停下，他接着问唐太宗是想让他成为忠臣还是良臣。唐太宗十分不解，问："这二者有什么区别吗？"魏征答道："姜子牙和管仲这类人，能够和君主同心治国，国家强盛，百姓安定，君主和臣子都万古流芳，他们就是良臣。而龙逢、比干这种人，在朝廷上和君主争得面红耳赤，最后却不过是自己被杀而国家也一同灭亡，他们让君主获得了杀忠臣的恶名，自己却留下忠心敢谏的名声，他们就是所谓的忠臣。这就是二者的区别。"

　　魏征的话表明了他自己的理想抱负是和贤明的君主一起，使国家富强，百姓安居乐业，同时希望唐太宗能够像历史上的贤明君主一样，和他一起留美名于后世，而唐太宗的想法也与魏征不谋而合。唐太宗和魏征是我国历史上君臣相处的典范。

# 戴胄执法不阿

在历史上，有一个人被人们这样赞誉"所论刑狱，皆事无冤滥"，他就是唐代执法不阿的戴胄。

戴胄是隋朝遗臣，因精通法令律条、典章制度，又为人耿直，执法公正，受到唐太宗的赞赏。唐太宗即位时，掌管刑狱案件的大理寺缺少行政长官，太宗觉得大理寺管理的都是人命官司，应该谨慎选人，一番斟酌思考之后，他决定任命执法公正的戴胄为大理寺少卿。

事实证明戴胄的确是这一职位的合适人选，为了严格执法他甚至多次触犯龙颜。

有一次，唐太宗召见吏部尚书长孙无忌入宫议事。按照当时的宫禁律条，大臣入宫不能携带兵器，否则以对皇帝的大不敬论罪。长孙无忌是太宗的亲信重臣，且是太宗长孙皇后的兄长，两人关系亲密，长孙无忌没有将随身的佩刀解除，直接带着刀进了宫里。守门的校尉也没有察觉。尚书右仆射封德彝认为守门校尉有失职之罪，给他判了死罪；对于长孙无忌带刀进宫的行为，则只是判关押两年，罚交 20 斤铜了事。唐太宗听了封德彝的上奏，批准了他的判罚。

戴胄却并不赞同："尚书大人误带刀进宫和守门校尉没有察觉，

这都是因为他们自己的失误才导致的。但是作为臣下，他们的言行举动在帝王面前都不能归结于失误。并且法律上还规定说'供奉君王汤药、饮食、舟船，有所失误的人都应该判处死刑'。但是，皇帝陛下如果仅仅考虑到长孙无忌因为之前立下了汗马功劳而不用治他的罪的话，那么我们司法部门就不用处理这件事情了。而如果按照法律处罚尚书大人的话，罚他 20 斤铜，则又是不符合法律规定的。"

唐太宗听完之后才说："法律，是天下人都要遵守的法律，不是我一个人说了算的。我不能因为长孙无忌是我的亲人，就要对他从轻发落而不顾法律的威严。"于是，唐太宗命令他们重新给长孙无忌和守门校尉定罪。

封德彝仍然执行原来的判决，唐太宗对此也是很赞同。但是，戴胄却说："守门的校尉本来就没有罪，而是因为尚书大人的过失才获罪的。依照律法，他的罪要比尚书大人轻。至于说他们的过错，本来就没有什么区别。可是现在这样的判决，对他们一个罚款，一个死刑，则是有重大的区别了。臣请求皇帝陛下要改判，按照法律办事。"唐太宗听了他的一番言论，觉得很有道理，于是就免除了守门校尉的死罪。

有一年，唐太宗颁布诏令，要在全国公开选拔人才。可是这个时候，有些人却冒充名门贵族，伪造资历，以此来得到朝廷的重视。对此，唐太宗又颁布了命令，说最好主动承认错误，如果不自首被查出来的话，就要判处死刑。

没多长时间，大理寺查出一个假冒的人来，他叫柳雄，当时是徐州司户参军。他伪造了在隋朝当官的资历。戴胄按照律法判了柳雄一个流放罪，之后，他向唐太宗报告了这件事。

唐太宗听了很是愤怒，对戴胄说："我下令说的是'不主动自首的人都要判处死刑'，现在你却判他流放，你分明是在向天下人表明我说话不算数。难道你要抗旨不可？"

戴胄从容地回答说："如果陛下在查处那个人之后立刻杀了他，那我就没话可说，也无能为力。但是，陛下将他交付给大理寺查办，我就必须按照法律来办。"

唐太宗的气还没消，于是反问戴胄："你按照法律处置他，难道就要忽略我的信誉，让我失信于天下人吗？"

戴胄回答："法律是国家在全国树立威信的大事情，而陛下的命令则是在您一时喜怒的时候说出来的。陛下不能因为一时气愤而杀人。现在按照法律规定判处其流刑，这样做才是维护国家法律的尊严啊。如果只是为了一时的颜面，而让国家法律失去了威信，我实在是为陛下感到不值当啊。"

唐太宗听后没有再生气："朝廷执行法律有不得当的时候，你总是能够指出来并且纠正错误，有你这样的人，我不用担心国家律法执行得不公正。"

# 崔仁师执法宽明

　　历史上一些官员有很好的执法态度和执法行为，初唐的崔仁师就是一个兼顾了公正和宽仁的官员。

　　贞观元年，崔仁师当上了侍御史。那时，在青州地界发生了一件大案子。说是一名男子想要造反，被人告发了，州县的长官立即派官差将他抓捕归案，并且将其他的叛乱分子也都全部抓获。在抓捕的过程中，官吏抓了很多与此案无关的人，结果州县的大牢里关满了"叛乱分子"。唐太宗李世民知道了这件事情后，立即下令将崔仁师叫来，委派他去青州审查处理这个案子，让他一定将事情的来龙去脉弄清楚。

　　崔仁师奉命来到了青州。没多久，他就先下了一道命令，把所有抓来的人身上的刑具都解下来。之后，他还让人给这些人准备了丰盛的饭菜，并且让人给他们准备热水，供他们洗浴。崔仁师还对他们说："朝廷派我来就是让我来查明此案的。你们放心，我一定会尽快地查个水落石出，还大家一个清白。"对疑犯们一番宽慰之后，崔仁师接着找来卷宗开始认真了解案情。没多长时间，他对案子的全部经过有了一个清晰的认识。后来经过一番查探，崔仁师最终认定只有十来个人是这个案子的主犯，接着依法给这些人定了罪。至于那些没有定罪的人，崔仁师则是把他们全部释放，让他们回家了。

崔仁师处理好这个案子之后，就回京城向皇帝报告去了。唐太宗听了他的汇报，觉得有点不对劲。他想："这么大一个谋反的案子，到头来却只有十来个人有罪，这其中不会有什么原因吧？"于是唐太宗决定再派一个使者去青州将这个案子核实一下，以便做出最终的判决。

当时孙伏伽担任大理寺少卿，知道了这件事情后，立即找到崔仁师，对他说："青州发生了谋反大案。本来州县抓了很多人，但是你去之后，却只是给十几个人判了罪而将其他的人都放了。按照常理来说，每个人都有活着的欲望，我担心那些被你定罪的人当中，会有人对你的判罚不满，会向使者告你的状。这是我很担心发生的事情。"然而崔仁师却是一点儿也不担心，不慌不忙地说："官员在断案子的时候，就应该以公平宽恕为根本原则。绝对不能因为害怕自己受到牵连，明明知道他们是被人冤枉的而不给他们洗刷罪名。即使我核实的情况还有不清楚的地方，并且会错放了罪犯，我也愿意一个人承担一切后果。哪怕牺牲我一个人的性命来保全那些无辜受害者的性命，我也没有任何怨言。"孙伏伽听了崔仁师的话，对他很是佩服，同时也感到很惭愧。于是他就没有再说什么，转身离开了。

唐太宗派遣的特使来到青州之后，将那十几个被崔仁师判处死刑的人提出来审问。特使问他们："崔仁师只判定你们几个有罪，对此你们可有什么不服的地方？"这些人都说："崔大人处理这个案子的时候，对我们很宽大，并且很公平。他的判定合乎情理也符合法律，没有冤枉我们这些罪人。我们都服从崔大人的判定。"特使弄清楚了情况，原来这些罪人没有一个对崔仁师的判决提出不满和反对。回京之后，特使向皇帝报告了这件事情。唐太宗听完之后，非常欣慰，对崔仁师大为赞赏。自此之后，崔仁师的名声被广泛传播开来。

　　崔仁师处理本案之时，不计较个人的荣辱得失，不对犯人滥用严刑酷法。他冒着生命危险，怀着一颗宽恕的心，帮助那些被冤枉的人。

# 唐临宽法缓刑

　　有一个人，一生都在追求司法独立，并且严格依照国家的法律条文办事。他是一个执法官，并且执法严厉；同时佛教思想对他影响很深，因而他的法制思想中还有"宽法缓刑"这个特点。这个人就是唐代的法条主义者唐临。

　　唐临是长安人，在年轻的时候就有了很好的名声。朝廷为了表彰他，让他当了万泉县丞。他来到万泉县报到，正好是春末季节，也正是耕种的时节。由于唐朝刚刚建立，国家正需要休养生息，农村需要大量的劳动力，唐临便向县令建议将那些没有犯重罪的囚犯们都释放回家，让他们回去耕地。万泉县令听了他的建议，认为他这是在冒险，就没有批准。唐临说："长官不要有什么顾虑，出了什么事情，我一个人担当全部责任就是了，绝对不会连累长官的。"县令还是害怕出问题，只好向上级请示让唐临做了代理县官，行使县里的大权。唐临将那些囚犯全部释放并且说："等你们忙完之后，一定要按时回到监狱里服刑。"囚犯们对唐临很是感激。等到了规定的时间，他们一个不落地回到了监狱继续服刑。经过这件事情后，唐临的名字开始被全国人知晓。

　　朝廷知道了这个消息，认为唐临做得十分合情合理，就擢升他当了监察御史，没过多久又封他为侍御史。有一次，唐临奉命到岭外视察，路过交州的时候，办理了一个案子。当时地方官由于政治措施不当，冤枉了三千多个囚犯，将他们都关进了大牢。唐临通过调查，弄清楚了事情的真相，之后就给他们平了反。最终囚犯们的性命得以保全了下来，他们都感谢唐临的大恩大德。

唐高宗即位后，唐临被任命为检校吏部侍郎，同年迁升大理卿。有一回，唐高宗问唐临："监狱里关押着多少人？"唐临据实回答了皇帝的问题。唐高宗说："我以前做太子的时候，你就在我手下办事；现在我当了皇帝，你还是在我身边做事。我看你以前对我忠诚，所以现在才将国家重任交给你负责。刑法对国家来说是十分重要的事情，执法过于严厉的话，就会对一些人造成伤害，但是执法不严明的话，就是对犯罪的纵容。你一定要做到执法公正，不能偏袒，这样才能不辜负我对你的期望啊！"

有一次，唐高宗到监狱里去视察，发现了一个现象。以前大理卿判处了犯人，他们都会喊自己是冤枉的，但是唐临判处的犯人却是没有人喊冤。唐高宗对此很是惊奇，就问其中一个罪犯："这到底是为什么呢？"那个罪犯说："我确实是犯了法。唐大人对我的判罚很合乎法律，我觉得不冤。他在审讯的时候不会对我滥用刑罚逼供，所以我对他的判决没有异议。"唐高宗听了那个囚犯的话，良久之后才说："执法的官员就应该像唐临一样。"

又过了两年，唐临遇到了一个大案子。有一名官员因为贪污而被司法部门起诉，并且被判了死刑。唐高宗很快对此做出了批示，同意执行。这个时候，唐临向皇帝呈上了一篇奏疏，阻止这次死刑命令的执行。唐临在他的奏疏中说："法律有明文规定，贵族有八议的特权。现在被告人是南朝齐高帝的五世孙，所以按照八议这一条法律不能判处他死刑。如果陛下将他处死，那么法律怎么还能让使人信服呢？"

唐高宗认真思考了唐临的奏疏，最终采纳了他的建议。之后下旨将罪犯依法判为流刑，把那个人流放到边区了。就这样，唐临依照法律条文，又挽救了一个人的生命。

# 好法官张文瓘

对于大理寺官员的人选，唐太宗曾经说过："大理寺负责的是人命官司，责任重大。这个位置的官员一定要选准，并且还要好才行。"唐代在这种谨慎选拔大理寺官员的理念下，选出了一些执法严明的好法官。张文瓘就是一个才能卓绝、执法公平的好法官，深受皇帝器重、百姓爱戴。

张文瓘出生在一个官宦家庭，在他很小的时候，父亲就去世了。即便如此，他还是受到了很好的教育，读了很多书，懂得礼义。他对自己的母亲很孝顺，并且很听哥哥的话。他因此被乡里的人熟知。

在唐太宗登基当皇帝的第一年，张文瓘通过了明经科，被朝廷任命为并州参军，开始了他的仕途生涯。当时的并州长史是英国公李勣，通过对张文瓘进行一番了解后，他之后给出了这样的称赞："张文瓘属于管仲、萧何一类的人。他具有宰相的能力，将来成就肯定不在我之下。"

有一次，李勣接到朝廷的命令，要回京城办事。张文瓘和两个官员为李勣送行。在送行的时候，李勣将自己的佩刀和玉带分别给了那两个官员，但是并没有给张文瓘什么东西。张文瓘感到很奇怪，于是就问李勣："为什么他们都有，我没有呢？"李勣说："你不要多想。接受我佩刀的那个官员，是一个优柔寡断的人，我给他佩刀就是希望他办事的时候能果断。至于另外一个人，是一个不注重约束自己行为的人，我给他玉带就是希望他能约束自己，不要放纵。其实，我送东西就是在告诫他们。对于你，我的看法是你各个方面都做得十分好，我没有必要送给你东西来告诫你注意自己的行为。"

李勣到了京城，向皇帝推荐了张文瓘。没多久，朝廷将张文瓘升任为水部员外郎。但是张文瓘的哥哥在户部任职，按照当时的制度，亲兄弟不能同时在六部任职。于是，张文瓘被调到地方，当了云阳县令。后来张文瓘被任命为黄门侍郎，同时又兼任大理寺卿，执掌国家的刑狱事件。在他上任之前，大理寺有四百多件案子成为积案，一直没有审理清楚。然而在不到十天的时间里，张文瓘就将这些案子全部审理得合情合理。即使那些被依法治罪的囚犯，对于张文瓘的判决也是没有半点儿异议。张文瓘在职期间，身体出了一点毛病。那些监狱的犯人得知之后，一起向上天祈福，希望张文瓘的病能早点好。

后来张文瓘被任命为侍中，兼任太子宾客，不再掌握刑狱。那些关在大理寺监狱中的犯人知道张文瓘升任的消息后，都放声悲哭，流露出对他的依依不舍之情。

# 武则天破格用人

武则天是中国历史上唯一的女皇帝，负面评价颇多，尤其是她滥用官吏这一点，一直被后世诟病。关于武则天不顾制度滥用权力、肆意提拔官吏，一种看法认为她这样做是为了收买人心。不过，也有历史学家认为，她的这些做法在当时是稳定政权和社会局势的重要措施。

嗣圣元年，武则天做了皇帝。这年九月，徐敬业在扬州起兵讨伐武则天。骆宾王是徐敬业的幕僚，被任命为艺文令，掌管文书机要。骆宾王起草了著名的《讨武氏檄》。武则天读完之后，不但没有生气，反而赞美这篇檄文的文采，问左右下人："这是谁写的？"下人回答说："这是徐敬业手下的骆宾王写的。"武则天感叹说："通过这篇檄文能看出这人有宰相之才，要是抓住他，一定要重用。"十一月徐敬业兵败被杀，骆宾王下落不明。武则天一再派人去找，但始终没有找到，只能留下遗憾。

平定徐敬业之后，武则天在用人问题上采取了一系列更直接、更大胆的举措。她委派以宰相为首的十人巡抚队伍到地方上巡查，这十人肩负着向朝廷举荐人才的使命。天授二年冬，他们带着各自举荐的人才回到京城交差复命。武则天接见了这批人才，并全部任命，将他们安排到了朝廷各部门。由于原来的编制已满，一些人暂时得不到职位，就安排他们先临时担任后备官员。

由于这次用人不问德行和才学，而是只要被举荐便一律任用，难免给人一种滥用权力的感觉。这种做法在当时引起了很多大臣和文人的不满，当时的举人沈全交评价此事时说："糊心存抚使，眯目圣神皇。"意思是说武则天滥用官吏，简直是老眼昏花了。京城御史纪先知以诽谤朝廷罪把沈全交抓了起来，打了一顿之后交给武则天。出人意料的是，武则天只是说："你们这些人如果认为自己不是滥竽充数，何必怕别人说呢？"说完，就让人把沈全交放了。

作为我国历史上唯一一个女皇帝，一个以知人善任而著称的统治者，她不可能老眼昏花，相反，她精明得很。在众人反对的情况下，她依旧坚持全部录用这批人才，一是为了笼络大臣，再者是为了培养出效忠于自己的人。她在用人方面非常有眼光，娄师德、狄仁杰、姚崇、宋璟等名臣都是由她破格提拔起来的。

武则天善于用人还体现在她在用人制度上的改革和创新，她改革科举，提高进士科的地位，举行殿试，开创武举、自举等其他科举科目，让大批出身寒门的子弟有了一展抱负的机会。《资治通鉴》这样评价武则天："政由己出，明察善断，故当时英贤亦竞为之用"。

# 请君入瓮

有个成语叫"请君入瓮"，比喻某些自作聪明、喜欢整治别人的人，最后却被自己想出来的歪点子所治。也借指设计好圈套引人上当。其来历与一个名叫周兴的酷吏有关。

周兴，长安人，是女皇武则天重用的酷吏之一。少年时代，周兴开始学习法律。进入仕途以后，周兴先在尚书省任都事，后来又调任司农少卿，后来官至秋官侍郎，执掌司法刑狱。

公元 683 年，唐高宗李治死后，武则天掌控了国家的最高权力。为了巩固自己的统治地位，武则天采取了种种高压措施，其中以发布告密命令最为有效。根据那条命令，只要是告密的人，都要给予重赏。即使是诬告，对于那个告密者也不予处置。因此，那时候，谁要是能得到武则天的信任，谁就能官运亨达，平步青云。

在这种背景之下，周兴与其他的酷吏相互勾结，专门以告密诬陷为手段，清除那些反对武则天执政的文武百官。他们逮捕将相，杀死官吏，使整个朝野上下人心惶惶，谁也不敢直言。

周兴办案，竭尽全力地揣测武则天的心思，以求博取她的欢心。对于那些与武则天政见不合的人，周兴先采取诬告的方式，秘密将其抓捕。然后，他私设公堂，使用各种酷刑，逼迫那些被抓的人认罪。

为了达到逼供的目的，周兴发明了各种刑具，比如"定百脉""喘不得"等，前后共有十多种。每次被抓捕的犯人，一看到那些刑具，都吓得惊魂不定。很快，周兴就能得到他想要的结果。

广州都督冯元常，虽然有很多战功，但却深遭武则天的厌恶。周兴知道后，便乘机诬陷冯元常。很快，冯元常遭到逮捕，并惨死在狱中。宰相魏玄同与周兴的关系不是很好，于是周兴向武则天进谗言说道："臣下不止一次收到消息，说宰相魏玄同私下里，到处宣扬武皇年龄大了，到扶植皇嗣成员登基的时候了！"武则天听后，怒形于色，立即下令周兴逮捕并审判魏玄同。结果，魏玄同全家惨遭杀害。

周兴凭借残酷的手段，深得武则天的信任。经他审讯的人，很多都是屈打成招。然而，周兴没有想到，自己发明的刑具，最后却也用到了自己身上。

有一天，有人告密说周兴谋反。于是，武则天便派来俊臣去审理这个案子。当时，来俊臣与周兴同为武则天的酷吏。接到这个案子后，来俊臣感到左右为难，一边是多年私交甚好的朋友，一边是高高在上的武则天，这令他十分烦恼。于是，他左思右想，终于想出了一个策略。

来俊臣派人去请周兴到他家府上做客。很快，周兴到来府，两个人坐在一块，吃吃喝喝。席间，来俊臣故意向周兴请教怎样设计新的刑具来审理犯人。不知底细的周兴，一时便来了兴头，信心十足地对来俊臣说道："我最近又发明了一种新方法，只要准备一个大瓮，用炭火将其烧红，然后将犯人放进去，无论他怎么顽固不化，也会支撑不住，老实交代罪行的。"

来俊臣听完周兴的话，连连点头称妙。于是，他喊来手下人，让他们抬来一个大瓮。按照周兴的说法，下人们又用炭火将大瓮烤得滚烫通红。

这时候，来俊臣猛然站起身，脸色一沉，对周兴大声说道："有人告你谋反，武皇特令我审问你。现在，你快快老实交代吧，如果你不合作，那么只好请你进这个大瓮了！"周兴听了不禁大惊失色，连忙俯首认罪。

成语"请君入瓮"由此而来，而周兴也成为作法自毙的典型，给后世的严刑酷吏提出了警示。

# 酷吏侯思止

　　侯思止出生在一个贫穷的家庭，一直靠着卖饼维持生计。后来他到将军高元礼家当了奴仆。当时武则天临朝称制，为了打压那些反对自己的人，重用了一批酷吏。这些酷吏们大开告密之风，使得一时间全国笼罩着恐怖的政治氛围。

　　公元 690 年 5 月，恒州有一名判司被刺史裴贞用杖刑惩罚了一顿。这个判司很记恨裴贞，就想报复裴贞。判司找到了侯思止，让他说服高元礼向武则天告密，说舒王李元名和裴贞要联合起来谋反。当时的著名酷吏周兴负责了这个案子。结果，李元名父子及裴贞都被杀害并且被灭族了。侯思止因为告发有功，引起了武则天的注意，被授予游击将军的官职。

　　虽然侯思止当了官，但是他本身一点文化也没有，生怕朝廷不会重用他。现在高元礼的官没有侯思止大，为了巴结侯思止，高元礼就给他出了一个主意。高元礼说："现在国家正处在破格用人之际。如果朝廷因为不识字而不重用你，你就说：'獬豸还不识字呢，但是却能用它的独角辨别忠奸、善恶。'"侯思止按照高元礼说的那样做了，结果武则天听了很高兴，任命他为朝散大夫，之后授予他左台侍御史之职。高元礼又给侯思止出主意说："皇上知道你没有居住的宅第，如果她要你暂住没收上来的官员的宅子，你要叩谢她的大恩，但是不要立即接受。如果她问你为什么的话，你就回答说：'这些宅子都是反贼们住过的，我心里很讨厌他们，因而不想住在那些宅子里。'"武则天听到侯思止这样说，认为侯思止是一个忠臣，于是就更加器重他了。后来武则天让侯思止和来俊臣、周兴等酷吏一起掌管狱讼。

侯思止是一个奸诈狡猾、残忍而刻薄之人，做起事情来真可谓心狠手辣。他对囚犯滥用残酷的肉刑，囚徒们被他折磨死的不计其数。当时的囚犯们之间流行这样一句话："遇徐（有功）、杜（景俭）必生，遇来（俊臣）、侯（思止）必死。"就是说，谁要落到来俊臣、侯思止这些酷吏的手里，那就是走进了阎罗殿，一点生还的机会都没有。在侯思止的这种严厉打击下，很多李唐皇室的贵族都被他杀害了。此外，很多大臣不是被杀就是被贬谪外放。

后来，侯思止因犯了私自积蓄锦缎的罪，被判处了死刑，终结了他罪恶的一生。

# 宽厚忍让的娄师德

　　娄师德，唐朝高宗、武则天两代的大臣。娄师德曾以文臣的名义参军，在西讨吐蕃的战争中多次获得战功。娄师德以宽厚忍让著称。

　　有一次娄师德和权臣李昭德一块入朝。两个人的官职相当，但李昭德为人傲慢无礼，他看到娄师德身体过胖，行动缓慢，就嘲笑娄师德说："今天真倒霉，遇到你这耕地的乡巴佬，耽误了我的时间。"但娄师德却没有辩驳，只是自嘲地说："我不耕地，谁来耕地啊？"

　　娄师德巡视并州，在驿馆与下属一同吃饭。他发现自己吃的是精细的白米饭，而下属吃的却是粗糙的黑米饭，便把驿长叫来，责备道："你为什么用两种米来待客？"驿长惶恐地回答道："一时没那么多白米，只好给您的下属吃粗食，属下该死。"娄师德说："是我们来得太仓促，导致你来不及准备。"然后把自己的吃食也换成粗食。

　　因为娄师德得到武则天的赏识，所以引起了一些同僚的嫉妒。娄师德在他弟弟到外面做官前，特意嘱咐弟弟说："我得到陛下的厚爱，导致很多人在陛下面前诋毁我，你现在去外面做官，一定要处处学会忍让。"他弟弟回答道："就算别人把唾沫吐到我的脸上，

我也不会发作，只是把唾沫擦掉就算了。"娄师德却说："这恰恰
是我最担心的。有人唾你，是因为他发怒了。你如果把口水擦掉，
说明你心中不满，对方心里就会更生气。当你被别人吐口水时，一
定不要擦掉唾沫，而是让它自己干掉。"这就是成语"唾面自干"
的典故。正因为娄师德善于忍让，所以在武则天执政时，他一直受
到武则天的信任。

　　娄师德身居高位数十年，在那个酷吏横行的年代，他却没有受
到任何迫害，这与他宽厚忍让的性格是分不开的。

# 张说作证

张说（yuè），唐代文学家，诗人，政治家。他不仅擅长文学，还颇有武略。

根据《新唐书·宰相世系表》记载，张说幼年时，他的父亲在洪洞县做县令，政绩颇受好评，张说就以父亲为荣，立志要当一名好官员。年轻的时候，张说的才华更加突显。武则天垂拱四年，也就是公元688年，武则天策试贤良方正，亲自到洛阳的城南门主考。张说参加了这次策试，并取得第一名的成绩。事后，张说被授任太子校书，迁左补阙。

那时候，武则天有两个宠臣，也是她的男宠，张昌宗和张易之。这两个人的权势很大，满朝上下没有一个人不惧怕他们的。大臣狄仁杰死了之后，魏元忠当了宰相。然而，对于这两位奸佞之人，宰相魏元忠一点儿也不放在眼里。

一次，在上朝的时候，武则天想把张易之的弟弟张昌期任命为长史。下面的大臣听到后，没有一个敢提出异议的。为了迎合武则天，有些人还称赞张昌期很有才干。

正当张易之以为事成的时候，宰相魏元忠却站出来向武则天启奏说，张昌期年纪轻轻，涉世浅薄，从政经验有限，恐怕在这个职位上做不好。武则天听宰相这么说，也不便多说什么，只好把这件事搁置了下来。

早就对宰相魏元忠不满意的张昌宗和张易之这二人，经过这件事后，对魏元忠恨得咬牙切齿。他们私下里商量着，要想尽一切办法拔除魏元忠这颗眼中钉。

两人合计好后，在一次与武则天私聊的时候，向武则天进献谗言。说魏元忠经常背着武则天在大臣之间散发一些言论，说什么武则天年事已高，这帮大臣还不如跟着太子。他们提醒武则天，魏元忠这是意在谋反。

骄横的武则天龙颜大怒，下令把魏元忠抓进了大牢。之后，武则天准备亲自审问魏元忠，并且要求张昌宗当场对质。

那时候，张说在宰相魏元忠手下做事。张昌宗自知理亏，又害怕辩不过魏元忠，便偷偷地去找张说，要求张说在朝堂之上作伪证。在威逼利诱之下，张说不得不答应了张昌宗。

第二天，武则天上朝，召集太子和宰相。此时，魏元忠也已从大牢中押到了殿上。武则天要张昌宗和魏元忠对证。然而，魏元忠死活不承认有那么一回事儿。两个人在大殿上争论不休，但始终没有定论。最后，张昌宗说："既然相国死不认罪，那好，我已经找到了相关的证人。请求陛下传唤张说到大殿。他亲耳听到过魏元忠说的那些话，可以当场作证。"

武则天立刻令人传唤张说进宫。张说在朝廷任职已久，知道宰相魏元忠为人清正，而且他也确实没有听到过魏元忠说过那些话。但是，张昌宗和张易之受到武则天的恩宠，权势遮天，如果得罪了他们，以后恐怕难以在朝廷供职。因此，在去皇宫的路上，张说内心十分纠结，头上不停地冒汗。

进了大殿，张说行完跪拜之礼后，武则天问道："魏元忠诽谤朝政的话，你都听到了吗？"不等张说开口说话，魏元忠就高声喊叫起来："张说，你想跟张昌宗一干人诬陷本相吗？"

面对宰相魏元忠的怒斥，张说回过头来"哼"了一声，并说道："魏公枉做宰相，竟然说出这种是非黑白不明的话来？"

站在一旁的张昌宗，突然听见张说说话的口气不对劲儿，连忙催促道："不用理会那么多，你赶紧作证吧！"

说到这里，张说灵机一动，就向武则天说道："陛下请看，在陛下面前，张昌宗竟然敢这样胁迫我，可以想象他在宫外怎样一手遮天，强人所难了！既然话已经说出来了，我索性禀明实情：我确实没有听过魏相国非议陛下的话，只是张昌宗逼迫我作伪证罢了！"

面对这形势，张昌宗不知所措，只好说："陛下，不要听信张说的话，他和魏元忠估计是一伙的。"

武则天并不是一个昏庸无能的暴君，她听了张说的答话，知道这其中确有隐情。再说，宰相魏元忠素来刚正不阿，严明清正，这是人人都知道的。看来，确实是张昌宗想诬陷魏元忠。然而，张宗昌等人又是自己的亲信，当场让他们下不来台，也是不好的。

于是，武则天转而一想，就对张说说道："张说，你既然不承认魏相国说过那些话，那么你为何又要来作证啊！看来，你真是一个反复无常的小人！来人，先把张说押下去，来日再审！"

说着，张说被两旁的侍卫押入大牢。后来，张说一口咬定，没有听魏元忠说过谋反叛乱的话。就这样，在张说的坚持下，宰相魏忠元最后获得了清白。

# 狄仁杰明断是非

　　荷兰人高罗佩写过一本书——《狄仁杰断案全集》。相信看过这本书的人，一定对狄仁杰有一个很深的印象——断案如神。近年来，热播的电视剧《狄仁杰断案传奇》系列，通过大量奇特的、神秘的案子，又再现了狄公的神断。虽然历史上真正的狄仁杰不像剧中的那样神乎其神，但是他的断案能力还是值得肯定的。

　　狄仁杰做大理寺丞的时候，保持着执法不阿、刚正廉明、兢兢业业的本色。在他工作一年多的时间里，那些积累下来的案子，都被他处理得十分得体。虽然案子牵扯到上万人，可是经过狄仁杰审理判定之后，没有一个人是冤枉的。因而当地的老百姓很佩服狄仁杰，并且很爱戴他。狄仁杰也因此一时声名远播，成为一个断案如神、摘奸除恶的大法官。

　　为了维护封建法律制度，狄仁杰甚至敢于触犯皇帝的龙颜，他曾冒死向皇帝进谏。在唐高宗当政的时候，大将军权善才由于一时失误砍了皇陵上的柏树。唐高宗知道以后"龙颜大怒"，立即下令要将他处死。满朝文武大臣都不敢站出来为权善才申辩。就在这时，狄仁杰站了出来，对皇帝说："按照国家的法律规定，权善才不应该被处以死刑。"之后，狄仁杰又将汉文帝的张释之、魏文帝时的辛毗的典故，一一详细列举。最终皇帝也认识到是自己过了头，于是下旨赦免了权善才的死罪。狄仁杰用自己的实际行动维护了国家法律的公正性。

没过多久，狄仁杰被皇帝任命为侍御史，专门负责审讯案件、纠劾百官的事务。在任职期间，狄仁杰忠于职守，做到了执法刚正不阿。公元 679 年，左司郎中王本立凭着自己深受皇帝的宠爱，做了很多违犯法律的事情，朝廷中的大臣都是敢怒不敢言。然而狄仁杰却将他的罪行一一记录了下来，并且呈奏给了皇帝；他还请求皇帝将王本立交给司法部门依法审理。唐高宗有偏袒王本立的心思，因此就没同意狄仁杰的进谏。狄仁杰继续上奏说："如今国家急需要人才，可是王立本这样的人不是国家缺少的人。陛下怎么能为了包庇一个犯了罪的人而将国家律法置之脑后呢？如果陛下想要赦免王本立的罪行，那么就将臣革职，让臣为后来忠心的人做一个榜样吧。"高宗听了狄仁杰的一番话，觉得狄仁杰说的都是发自内心的话，对于国家法律是真心维护的。于是皇帝就将王本立交给司法部门审理，最终王本立受到了应有的惩罚。朝廷中的大臣都很尊敬和佩服狄仁杰。

公元 688 年，博州刺史琅琊王李冲和豫州刺史越王李贞起兵反武则天，要推翻她的统治。然而最终武则天将这次宗室起事镇压了下去。之后，武则天任命狄仁杰出任豫州刺史，负责这件谋反大案。当时越王李贞还有几百名下属，五千多家人，这些人都被当成了叛乱的同党，只等皇帝一声令下，他们就要人头落地。狄仁杰经过深入了解案情，认定那几百名士兵是因为听信了别人的怂恿才铤而走险的，至于李贞的家人则是根本就不知晓反武的事情。虽然说真相是这样的，但是叛乱的罪名却非同儿戏，这是要灭九族的大罪。谁要是替他们说情的话，说不定就会将自己的性命搭进去。

狄仁杰在深思熟虑的同时，内心是十分着急。他一直想着怎样向武则天上奏这件事情。最终狄仁杰决定将自己处理这件案子时的矛盾心理写在奏章里，并且说这些人并没有参与叛乱，不应该杀害他们。武则天头脑还算冷静，看了狄仁杰的奏章，被他的真情所打动，于是就下旨赦免了那五千多人的死罪，只是将他们发配到别的地方去了。那五千多人知道是狄仁杰冒死进谏才保全了他们的性命，心里很感激狄仁杰。他们为狄仁杰建立了祠堂，广泛宣扬狄仁杰的大恩大德。狄仁杰又一次明断是非，避免了一个大冤案，维护了法律的公平。

狄仁杰是封建统治阶级中的一个杰出的政治家。他一直在发挥自己的才能，维护法律的公正性。

# 徐有功守法护法

　　唐代有一个人，在长达十几年的司法职业生涯中，敢于严格执法不怕触犯龙颜，为众多冤案平反昭雪。他真正做到了刚正不阿，用自己的实际行动守卫国家法律。唐中宗李显继位之后，特下制书表彰他："卓然守法，虽死不移。无屈挠之心，有忠烈之议。"他就是唐代最著名的专司审案的官吏——徐有功。

　　徐有功活跃在武则天执政时期。当时武则天实行严刑峻法，并且重用酷吏。那些酷吏总是想方设法去迎合武则天的意思。要想在这个非常时期保持自己的正直气节，做到执法守正是件很不容易的事情，但是徐有功做到了。徐有功永远不改变自己的操守，不阿谀奉承上级，只是一心执法守正，他的坚持在一定程度上打击了酷吏的嚣张气焰。

　　徐有功在蒲州任司法参军期间，表现出了他高超的执法才能。在蒲州审判案件之时，他总是本着"力求宽仁"的原则，从来不轻易使用大刑来审讯，也从不轻易给人判笞杖刑，更多的是用传统的仁义道德去教育那些罪犯要改过自新。蒲州的老百姓和官吏对于他这种执法的态度和方式很是欣赏，并且很受感动，于是大家给他起了一个绰号"徐无杖"。在三年的任职时间内，徐有功在审判案犯时没有一次用杖罚。在他的这种宽刑的治理方式下，当地的百姓几乎是人人守法，很少出现犯罪的现象。"徐无杖"这个名字也被天下人知晓。

后来徐有功到了京城任职，当上了司刑丞。有一次，有个叫冯敬同的人秘密状告县尉颜余庆在去年的时候和李冲一起谋划造反。虽然李冲去年就已经因为叛乱罪被杀害了，但是武则天对造反案件很是敏感，于是立即将这个案子交给来俊臣负责。颜余庆被抓到了京城，来俊臣对他进行审问。在审问的时候，来俊臣硬是要颜余庆承认他和李冲是同党，但是颜余庆说自己是冤枉的。之后来俊臣对颜余庆进行了严刑逼供，颜余庆熬不过大刑，只好承认自己是李冲的同党，并在供词上画了押。来俊臣得到了颜余庆的供词之后，向武则天上奏，请武则天定夺。武则天看了供词说："将这个案子交给司刑寺，正式给颜余庆定罪吧。"一般说来，司刑寺对于转来的案子，都会维持侍御史的判决。然而这次却是出现了不同情况，因为司刑丞是上任没多久的徐有功。

徐有功认真地将整个案卷从头到尾阅览了一遍。看完之后，他觉得虽然颜余庆承认和李冲是同党，但是没有确凿的证据能证明这一点。徐有功明白重刑出冤鬼的道理，认为肯定是来俊臣对颜余庆进行了严刑逼供。为了法律的公正、公平和无私，徐有功决定要为颜余庆平反。第二天上朝的时候，徐有功向武则天上奏说："颜余庆的案子还请陛下三思，之后再结案。因为他不是魁首，根据敕令应该免除他的死罪，改判为流刑。"

武则天听了很生气，就问徐有功："那么你认为什么是魁首？"徐有功不慌不忙地答："魁是领导者，首是策划者。"武则天又怒问："颜余庆难道不是魁首吗？"徐有功答："颜余庆只是一个胁从者，不是魁首。如果他是魁首的话，早就应该将他处置了，为什么还要等到现在才治他的罪呢？"武则天终究明白徐有功说的很有道理，免除了颜余庆的死罪。退朝后徐有功又提审了颜余庆，之后以"支党罪"上报给武则天，这回武则天立即批准了。由于徐有功的秉公执法，颜余庆的性命保住了。这是徐有功为维护法律尊严与公正，制止权大于法而平反的一件重大冤假错案。

徐有功坚持维护国家律法的尊严，有一次还差点丢了自己的性命。公元 690 年，道州刺史李仁褒兄弟被酷吏所陷害，徐有功也因为这次事件而被免去官职。公元 693 年，武则天重新起用了徐有功，任命他为左肃政台侍御史。徐有功本不想去当官，但是朝廷让他必须去，他也只好走马上任了。徐有功任侍御史后，处理了润州发生的一起重大案子——庞氏案。庞氏是德妃(唐睿宗之妃，唐玄宗之母，被武则天杀害，睿宗二次即位时，尊谥为皇后)的母亲，自从女儿被武则天害死之后，就一直精神恍惚，整天积郁，最终得了疾病。庞氏以为自己是被鬼怪上身中邪了，府中一个下人告诉她说："只要在夜间的时候，点上香烛向神灵祈祷就能将身上的鬼驱逐出去。"然而有人借着庞氏烧香驱鬼的事情，诬告庞氏每天夜里烧香是诅咒武则天早点死去。武则天自从杀了德妃之后，正愁找不到整治德妃家人的把柄，再加上酷吏薛季昶为迎合武则天的意思，在一旁煽风点火。结果，庞氏被判处死刑，其家庭成员全部被流放到三千里以外的荒蛮地区。

徐有功知道这是有人在诬陷庞氏，就想为她申冤。徐有功想："国法就不能制止随意杀人的行为了吗？我既然是侍御史就应该向皇上进谏，不能让权大于法的现象再延续下去。即使我将自己的性命搭进去，也要维护国法的尊严。"

想通了这些，徐有功向武则天上了一本奏章，他在奏章中说："陛下，我对庞氏经过查访和审查，发现她并没有犯什么罪。现在陛下要杀一个没有罪的人，不仅会让天下的老百姓取笑，而且法律制度也不能得到维护，恳请陛下慎重而行。"武则天一看奏章，心想敢情徐有功是为庞氏求情，顿时十分恼怒。这时站在武则天身边的薛季昶趁机说："陛下，法律有这样的规定，只要是替罪犯作无用的辩护的，同样处以死罪。现在徐有功知法犯法，为死囚辩解求情，完全没有将圣上放在眼里。应该判他一个'党援恶逆'罪，将他立即斩首。"听了薛季昶的一番话，武则天更加厌恶徐有功了，于是就下了一道旨意："将徐有功交给司刑寺治罪。"司刑寺很快就给徐有功定了一个"党援恶逆"罪，判处他死刑。

徐有功有位好友知道了这个消息，就赶紧告诉徐有功，让他做好心理准备。谁知徐有功说："这世上会死的人不止我一个。我为维护国家的法律，公正地为法律说话，这是因为权不能大于法，即使我死了又有什么可惜的呢？"

后来徐有功被押赴刑场，全城的百姓都来围观。朝中的大臣们都纷纷向武则天求情，不要杀徐有功。最终武则天下了圣旨："免去徐有功的死罪，罢了他的官，将他流放到边疆。"接着武则天把庞氏的死罪也免除了，判她流刑罪。徐有功为了法律的公正以死护法，又制止了一起冤案。因此人们称赞他"听讼惟明，持法惟平"。

徐有功的才干和勇气，他身上体现出来的公正、忠诚、无私，这些都是让他成为古代最优秀的法官之一的原因。也正是因为如此，他才受到历代人民的拥护和爱戴。

# 清廉节俭的卢怀慎

　　唐玄宗开元六年（718年）的某一天，唐玄宗去城南打猎的时候，路过一处村落，发现很多人聚集在一处残破不堪的房子前悲哀哭泣，他想知道是怎么回事，就派人去打听。原来那个破落的房子正是自己的前宰相卢怀慎的家，那天是卢怀慎去世两周年的祭日，这些人是来悼念他的。唐玄宗听说这件事之后，心中悲痛，没有了打猎的心情。他赏赐卢怀慎家锦缎百匹后，就带人去了卢怀慎的墓地。结果到了墓地一看，卢怀慎的坟冢光秃秃的，连一块碑都没有，唐玄宗忍不住大哭起来。他下令官府为卢怀慎立碑，并让中书侍郎为卢怀慎起草碑文，自己亲自将碑文抄写在石碑上，这块碑就是著名的"廉洁碑"。

　　卢怀慎是滑州灵县（现在的河南滑县）人，他年轻的时候就以节俭、严谨闻名于众，当了官之后也不曾改变，历经中宗、睿宗、玄宗三朝，官至宰相，一直清正廉洁。

　　卢怀慎可以说是唐玄宗为满朝文武树立的一个清廉的典型。当年卢怀慎和姚崇同朝为相，有一次，姚崇为儿子办丧事请了十几天的假，但卢怀慎因为自知能力不足，唯恐出错给社稷造成损失，所以不肯轻易对下面递上来的折子做出批示，致使朝中该处理的政事堆积如山。卢怀慎心里非常惶恐，就去向唐玄宗请罪。但唐玄宗并没有怪罪他，跟他说："你不用为难，我虽然让你也做了宰相，但天下大事，我的交托之人却是姚崇。而你要做的，是给天下的官僚士子们做榜样。"也就是因为这个，卢怀慎被人讥讽为"伴食宰相"。但卢怀慎的清廉也确实足以为天下的官僚士子们做榜样。

虽然卢怀慎被人讥讽为"伴食宰相"，但他也绝不是一个只会陪人吃饭的人，他在朝政上实际上颇有见地。他曾上奏陈述当时吏治管理方面的漏洞，他说："近来州牧、上佐以及两畿县令，都不用经历考核就上任施政，这非常不好。而且他们的任期多的才一两年，少的只有三五个月，然后不论施政成绩如何，都能升职。如此一来，百姓知道这些官员在那里待不久，就不听他们的教导；而这些官员因为知道不久就会升职，从而生出蒙混之心，只等着升官，顾不上倾听百姓疾苦，为陛下宣风布化。致使仓库亏空，百姓凋敝，就算陛下想奋发图强，也挡不住上下蒙蔽，一起偷安，这是国家的弊病啊！"

卢怀慎为官清廉，不搜刮百姓，也不经营自己的产业。虽然身居高位，但从不摆架子，而且乐善好施，他常常拿自己的俸禄和皇上给的赏赐接济亲朋好友。以致家里没有余粮，有时妻子、儿女也要忍饥挨饿。卢怀慎的家，无论是房子本身还是屋内的摆设都非常简陋。他们家连门都没有，只用一个布帘子挡着。房子因为年久失修，风大的时候漏风，雨大的时候漏雨。卢怀慎不讲究吃穿，每天粗茶淡饭，所穿的衣服从来见不着花纹，只剩下"干净"两个字。开元元年（713 年）的时候，他奉命去东都洛阳主持官员的选拔，所带的行李也不过就是一个布口袋，路上的行人只当他是个普通的老头，绝想不到这人会是一个大官。

卢怀慎在担任黄门监兼吏部尚书的时候，病了很长时间。宋璟和卢从愿去看他，到了卢怀慎家，发现他们家的门连门帘都没有，只挂了一个破席子。卢怀慎脸色惨白地躺在床上，身下铺着一张薄薄的破竹席子。因为卢怀慎平时很器重这两个人，见到他们来看自己，心里非常高兴，就让他们多待一会儿，并叫家里人准备饭菜。结果等菜做好了，端上来的除了两盆蒸豆和几根青菜，什么也没有。卢怀慎不忘朝廷大事，抓着宋璟和卢从愿两个人的手说："皇上一心励精图治，正急着网罗人才。你们二人将来必定会成为国之栋梁，但你们要记得，一件事做得久了，难免会有所松懈，帝王的统治也是如此。到了那个时候，就会有小人乘机讨好皇上，你们一定要记着，适时地提醒皇上，不要让他松懈。"之后没几天，卢怀慎就去世了。他在病危的时候写了一份奏章向皇帝推荐宋璟、卢从愿、李杰和李朝隐，说他们是不可多得的人才，希望皇上能加以重用。

卢怀慎去世的时候，家里一点钱都没有了，唯一的老仆人不忍心卢怀慎没钱安葬，就请求卢怀慎的夫人崔氏，把他卖了换点钱，好为卢怀慎办理丧事。等到安葬卢怀慎的时候，也是因为没钱，来帮忙办葬礼的人只能喝粥垫垫肚子。

# 成败几何唐玄宗

唐朝最辉煌、最鼎盛的时期要属"开元盛世"。当时在位的统治者是唐玄宗李隆基，他崇尚节俭，励精图治，任用贤能，使得唐朝政治清明，经济发展迅速，天下大治。唐朝当时进入了全盛时期，成为当时世界上最强盛的国家。

经历了武则天时期及之后的兵变，百姓和朝廷都大伤元气，同时由于韦后及安乐公主等人卖官鬻爵，朝廷中贪腐成风，吏治混乱。唐玄宗认为国家兴旺的表现是百姓生活富裕，君王要做的就是减少百姓的负担，提高百姓的生活水平，为此他采取了一系列措施。

唐玄宗认为首先要做的就是从自己做起，扭转奢靡无度的社会风气。他让人将自己用的金银器物拿去熔了，作为财政储备，命人在宫殿前公开烧毁了皇宫里储存的一大批珠玉锦缎，以示从此以后不再使用奢华的东西，并把多余的宫女遣散，以节省开支。与此同时，唐玄宗还规定：官职不足三品的官员与身份一般的后宫亲眷都不能佩戴金玉制作的饰物；文武百官使用的腰带、酒器、马嚼子、马蹬等用品的材料要严加限制。为了让官员改掉奢华攀比的陋习，唐玄宗撤销了设于东西两京的织锦坊，并下令全国各地都不准采集珠玉，纺织锦绣，如有违反，处以杖责。

　　唐玄宗组织制定了《唐六典》，以法律的形式对官员的从政特别是廉洁奉公要求等进行了严密的规范。开元十六年，他亲自选出了州刺史，并写了一首诗，告诫他们一定要清廉为官，"视人当如子，爱人亦如伤。讲学试诵论，阡陌劝农桑。虚誉不可饰，清知不可忘。求名迹易见，安贞德自彰。讼狱必以情，教民贵有常。恤茕且存老，抚弱复绥强。"

　　唐玄宗认为治理国家要任用德才兼备的人才，于是提拔了一批正直爱民、品行高尚的官员，其中的姚崇、宋璟、张九龄等后来都成为千古名相。姚崇在担任宰相期间，对于皇亲国戚坚持依法办事。当时薛王李业的舅舅王仙童在地方上为非作歹，御史弹劾之后，薛王为他求情，但姚崇向唐玄宗申请严惩王仙童，得到了唐玄宗的批准，从此皇亲国戚再也不敢目无法纪。姚崇之后，宋璟担任宰相。宋璟在任时，对于官员的要求十分严格，他的叔叔宋元超在参加吏部考核时，向考官透露自己与宋璟的亲属关系，希望得到照顾。宋璟得知以后，反而通知吏部不准他通过考核。张九龄反对与少数民族的大规模战争，强调保民育人，采取各种措施保护农桑。

　　唐玄宗有一位宰相叫韩休，韩休清廉正直，对功名利禄并不热衷，唐玄宗对他非常敬重。有时候唐玄宗在宫中设宴行乐或者到后苑游玩打猎，但他不知道自己做的事情有没有出格，就会问旁边的人："韩休知不知道我正在做什么？"有时候这句话刚说完，韩休的劝谏书就来了。不过对于韩休的时时劝谏，唐玄宗也并不总是欢喜，有一次唐玄宗为了这事心情烦闷地对着镜子发呆，伺候的人就说："自从韩休当了宰相，陛下比以前瘦多了，为什么还要用他呢？"唐玄宗叹了一口气，说："我虽然瘦了，但天下却富庶了。萧嵩上奏的时候，什么事儿都按照我说的来，但一退朝，我连睡觉都不踏实。相反，韩休经常跟我争论，但退朝之后，我却能睡得十分安心。我重用韩休，不是为了我自己，是为了江山社稷。"

唐玄宗和他选择的贤相对吏治进行了一番整顿，使得官场的风气焕然一新。他们大量裁撤冗余的机构和人员，减少政府的财政支出。同时加强对官员的考核，尤其重视对地方官的考核，改变以前重内轻外的习惯。唐玄宗认为郡县等地方官吏直接关系百姓的生活，影响着国家政策的执行，所以要格外重视。他甚至经常亲自对这些地方官吏进行考核，如果应考者在回答治国之道时表现优异，即可继续担任或者提拔，如果表现拙劣，则立即会被撤职。经过一系列的整顿，官员的办事效率得以提升，在中央和地方出现了越来越多的正直有才能的官员。

当时的豪门大户为了不断侵占农民的土地，许多破产的农民也沦为他们的奴隶，然而他们与官员勾结，隐藏自己实际的土地和人口，给国家的税收带来了困难。唐玄宗派遣专职官员到各地清点田亩，所有隐瞒的土地一律没收充公，然后作为国有土地分给农民耕种。国家的税收由此大大增加，同时农民的负担也被降低了。

从武则天时期起，佛教迅速发展，开始影响国家的经济。寺院大量增加，占据大量的耕地和人口，而且逃避税收，政府税收损失严重。唐玄宗鉴于此种情况开始限制佛教，开元二年使一万多名僧尼还俗。同时严禁新建佛寺和佛像，禁止贵族官员与僧侣交往，这样使得佛教的发展受到限制，政府控制的土地和人口增加了。

为了发展农业，唐玄宗命人在全国各地兴修水利，这样灌溉了农田，同时也减少了水患灾害。

唐玄宗极力提倡节俭，不仅他本人身体力行，还制定制度让百官遵守。这些举动大大减少了朝廷的耗费，减轻了百姓的负担。

然而，开创了盛世之后，坐在荣耀之上的唐玄宗开始满足于现状，不思进取，沉溺于享乐。先是小人李林甫爬上了相位，这个奸佞通过阴谋诡计使唐玄宗开除了宰相张九龄等正直的官员。李林甫死后，杨贵妃的哥哥杨国忠掌权，致使政治更加黑暗。

提到晚年的唐玄宗，总是和一个女人捆绑到一块，她就是"后宫佳丽三千人，三千宠爱在一身"的杨贵妃。唐玄宗痴迷于杨贵妃，为了讨她的欢心，唐玄宗可谓煞费苦心。杨贵妃喜欢打扮，唐玄宗就专门指派千人给她做衣服。唐玄宗在骊山华清宫建筑端正楼和莲花池，作为杨贵妃梳妆打扮和沐浴的地方。杨贵妃生在南方，喜欢吃荔枝，可长安处于北方，无法种植荔枝。为了解决这个难题，让杨贵妃吃上荔枝，唐玄宗竟然命人开辟出一条从巴州（今重庆一带）到长安的专用通道，于是就有了"一骑红尘妃子笑，无人知是荔枝来"的诗句。大臣们为了巴结皇帝，纷纷投杨贵妃所好。有了杨贵妃的枕边风，那些让她高兴的人都加官晋爵，这样的结果又刺激更多的官僚争先恐后地把美味佳肴和珍异珠宝送入皇宫。

一人得道，鸡犬升天，杨贵妃的亲戚们也因为她的受宠而得到了册封。她的三个姐姐分别被封为韩国夫人、虢国夫人、秦国夫人，杨贵妃的堂兄杨国忠也得宠于唐玄宗。当时长安城流行一句歌谣："生男勿喜女勿悲，生女也可妆门楣。"唐玄宗每年十月都要游幸华清宫，每到这个时候，杨氏一门倾巢出动，华丽的队伍连接数坊，锦绣珠玉，令人目不暇接。杨贵妃与其家族的裙带关系反映出唐玄宗晚期政治的昏暗。

晚年的唐玄宗不仅在生活上铺张浪费，在军事上还穷兵黩武。为了提高自己的威望，唐玄宗向周边的国家发动了一系列侵略性的战争。政治的腐败与社会的黑暗，激发起边关将领贪功求官的欲望。他们为了加官晋爵，就故意挑起事端，从而在战争中立功受赏，再加上唐玄宗的好大喜功，其结果直接导致大唐边境战乱不断，破坏了建唐之初与睦邻营造的友好氛围。在与南诏的战争中，战死、病亡的唐兵达二十万之多，伤者更是不计其数。连年的战争，一方面使一些边关将领逐渐手握重兵，一方面又使士兵和百姓怨声载道，为即将爆发的安史之乱埋下了伏笔。

天宝十四年十一月，身兼范阳、平卢、河东三地节度使的安禄山趁唐朝内部空虚腐败，联合边境的其他民族组成共十几万士兵的大军在范阳起兵，与史思明发动了历史上著名的安史之乱。仅用了35天，就控制了河北大部和河南部分郡县。大军兵临长安城下时，唐玄宗仓皇出逃。安史之乱虽然最后被平定，但沉重地打击了唐朝的统治。从这以后，唐朝走向了衰败。

　　唐玄宗统治前期励精图治，出现了历史上空前繁华的"开元盛世"；但在统治后期，他变得荒淫无度，使唐朝由盛转衰。

# 盛唐贤相姚崇

姚崇是唐玄宗时期的著名政治家，他精明能干，关心百姓的疾苦，为唐全盛时期的"开元盛世"局面做出了巨大贡献，在历史上留下了"爱民如子"的好名声。

姚崇从小就受到他父亲的影响，勤奋好学，并且树立了崇高的理想。他长大以后，进入朝廷当了官，主要是负责案件和刑狱方面的事情。姚崇由于执法公正，并且给很多人洗刷了冤情，于是受到了武则天的重视，武则天给姚崇升了官。之后姚崇担任了夏官侍郎，并且可以在朝堂上参与朝政讨论了。

有一次上朝，武则天对群臣们说："以前周兴和来俊臣等人审理案子的时候，很多大臣都会被牵扯进去，并且以反叛的罪名处置他们。既然国家法律制定了下来，那么即使是我也不能违犯律法。对于一些案件，我也曾经怀疑的确有人是蒙冤入狱的。对此我派心腹到监狱中去了解实情。可是他们也都签了字画了押，对自己的罪行是供认不讳。如今，周兴和来俊臣都死了，但是却是没有了有关谋反的案子。这难道说明，之前被他们杀死的人，是因为受到冤屈才会死的吗？"一时间，朝堂上的大臣都三缄其口、面面相觑。

姚崇因为曾经在刑部办过公，并且执法的时候很公正，办的案子都很公道。所以从他手中活下来的人很多。针对武则天的这个问题，他果断地站了出来，向武则天表达了自己的看法："以前被告谋反而被关进大牢，之后被残忍杀害的人，都是受到了冤枉，这一切都是因为酷吏的诬陷才导致的。告密的人通过告发别人能立下功劳，所以人人都忙着去给别人罗织罪名。这种情况和汉朝的党锢之祸相比，甚至还要严重啊！陛下派人到监狱中向犯人们查问案情。被派去的人也害怕自己不能活下来，因而他们不敢替犯人们翻案。假如，他们要是翻案的话，那么就会被那些酷吏残忍地杀害。如今，陛下早已经看透了这种情况，并且给予那些酷吏以应有的惩处，国家因此走向了稳定。自此以后，我用自己和我全家的性命向陛下保证，现在的官员之中再也没有谋反的人。万望皇帝陛下今后要是看到别人关于这样事情的奏报，把它放在一边，不要管它就行了。如果真的有证据能证明有人犯了谋反的罪，那么我就任凭皇帝您处置。"

姚崇的一番话可谓是对武则天的批评，并且还很尖锐。但是武则天听完之后，非但没有发怒，反而表现得很高兴。她说："以前宰相不敢违背我的意思，结果天下人都把我当成了一个滥行刑罚的君主。你现在所说的，很是符合我的心意。"

酷吏横行，朝中百官，人人自危，即使酷吏被武则天处置了，但是酷吏的遗风仍然使得群臣不敢说话。可是时任夏官侍郎之职的姚崇，不顾及自己官职卑微，冒着死去的危险向武则天进谏。武则天被他的这种智勇无私的精神所感动，之后果断废除了严刑峻法，这样稳定了武周政权，维护了国家法制。

唐玄宗继位后，姚崇被任命为宰相。开元三年的山东大地上，飞蝗遮天蔽日，所过之处，百姓的青苗瞬间就被吃光，旷野之中，任何草木的叶子都不复存在。如果不对蝗虫加以控制，就会造成大规模的饥荒，到时候难免饥民遍野，会引起国家的动荡。

　　然而由于封建时代的迷信原因，从百姓到官员，大多数人都认为蝗虫是天灾，并非人力可以控制，如果捕杀蝗虫就会遭到上天的报复，从而引发更大的灾祸。面对这种情况，百姓只能在田间地头，焚香祷告，祈求上天，而地方的官员对此也只是愁眉不展，未见有任何行动。

　　这个时候，姚崇果断站了出来，他向唐玄宗建议："事不宜迟，应该立即派出御史，前往各地捕杀蝗虫，否则后果不堪设想。"然而唐玄宗也听信"灭蝗有失天意"的话语，在这时显得摇摆不定。

　　姚崇此时心急如焚，他以历史上的两次蝗灾为例，向唐玄宗指出灭蝗一事的紧迫性和重要性，如果不加重视，难免造成百姓相食的惨剧。看到唐玄宗仍在迟疑，而反对者提出蝗虫太多，不可能杀尽的时候，姚崇决然地说："如今山东蝗灾横行，百姓流离失所，身为官员怎能坐视不管。蝗虫自然很多，即使一时难以除尽，却也该尽力为之，减少蝗灾的损失。而且我相信，只要大家齐心协力，定然可以消灭蝗灾。如果灭蝗不成，我愿甘当罪过，辞去丞相一职以谢天下！"看到姚崇有如此决心与豪气，唐玄宗也终于表示派人灭蝗，任何人再继续表示反对立即处死。

　　姚崇并不是空口说大话，他深知灭蝗并不简单，因此早有准备。他将"捕蝗使"派往各地监督灭蝗，同时也将他精心研究的灭蝗方法带往山东各地。他们利用蝗虫的向光性，在夜间点燃篝火，在旁边挖坑，蝗虫被火光吸引而来，他们然后将蝗虫全部杀死，埋于旁边的坑中。一时间，山东各地夜晚篝火不断，浓烟四起。最后终于消灭了蝗虫。

　　然而，第二年山东再发蝗灾，姚崇令各州像去年一样再次捕杀。然而有一个州的刺史却拒不从命。他还写信给姚崇说："蝗灾乃是天灾，应该靠人们积累自己的德行来感动上天，否则越杀越多。"姚崇并不因为连续两年都闹蝗灾而否定自己的看法，他也修书一封，痛斥这位刺史。他说："如果蝗灾是因为德行的原因，那看来你以前是没有恩德吗？如今蝗灾遍布，你身为父母官却坐视不管，让百姓怎么生活呢。难道这样就是有恩德的？灭蝗一事，刻不容缓，如果出现半点差池，唯你是问！"这个刺史看到姚崇如此坚决，只得奋力灭蝗。最后也成功地消灭了这次蝗灾。

由于姚崇的坚持，虽然山东连续发生蝗灾，却没有出现以前蝗灾之后饥民遍野的局面。百姓对他十分地爱戴，甚至将他的画像供奉起来，姚崇成为了万古流芳的名相。

# 南山可移，判不可摇

"南山或可改移，此判终无动摇"是对一个人执法如山的赞誉，这个人就是唐代的李元纮。

唐玄宗即位后，指派李元纮接任京兆尹一职。京兆就是指京师及其附近的地区，那里住着很多的权贵和皇亲国戚。京兆尹就是这个地区的最高行政长官。那么李元纮为什么能得到唐玄宗的赏识而被任命为京兆尹呢？说起来，这跟他处理太平公主和僧人争夺石碾一案有关系。

太平公主是唐高宗和武则天的女儿。她从小娇生惯养，蛮不讲理。到了唐中宗的时候，太平公主培植了自己的政治势力，并且渐渐强大起来，因而更是不可一世。满朝的文武都不敢得罪她，再加上唐中宗对她的做法是不管不问，所以太平公主完全凭自己的喜好做事。

公元 706 年，李元纮当上了雍州的司户参军。有一天，太平公主和她的随从们从长安出发到郊外游玩，来到了雍州地界。由于当时天气比较冷，也没有什么好的风景，一干人只好来到了雍州的积云寺。太平公主先是给佛像烧香，行了参拜礼，之后让住持带领他们逛逛寺院。来到院子中，太平公主发现了墙角有一个大的石墨盘。

她觉得这个石墨盘不但精致，而且花纹非常精美，因而十分喜欢。太平公主对住持说："大师，这个石墨盘很不错，我很喜欢。我就命人将它带走了。"太平公主的随从们也没等住持同不同意，直接把石墨盘搬到车上去了。

住持心里很不愿意，但是又不能直接得罪太平公主，只好说："公主能看中这个石墨盘，是我们寺院的福气。不过这个石墨盘已经在本寺有几百年了，是本寺的宝贝；再说，我们寺院里的和尚都是用这个石墨盘磨面，如果公主将它带走，那么我们就不能磨面了，所以还是请公主将石墨盘留下来吧。"太平公主听了住持的话，心里很不高兴，脸立即沉了下来，对着随从们大喊："赶紧给我弄走！"之后，太平公主一干人等浩浩荡荡地离开了。寺庙里的和尚都知道太平公主是不能得罪的，都不敢将她拦截下来，只能眼睁睁地看着他们将石墨盘带走了。

这时候有一个和尚说："听说李元纮是一个不惧强权的好官，老百姓有了什么冤枉的事儿都去找他断决。我们就到雍州衙门请他主持公道吧。"住持一想："李元纮向来是审案公正，执法严明，现在也只能如此了。"于是，住持写了状纸，将太平公主一干人等告到了雍州府，希望李元纮能还寺院一个公道。

李元纮接到状纸之后，立即展开了调查，最终证实太平公主确实将寺庙的石磨盘据为己有了。这个时候，李元纮陷入了沉思之中："自己只是一个小小的官吏，而被告是权势很大的太平公主，这该如何是好呢？"然而经过再三思考，他觉得石墨盘是积云寺的财产，太平公主不应该仗着自己的权势抢夺；再说现在证据确凿，太平公主必须将石墨盘归还给寺院才对。于是，他决定要为寺院追讨回石墨盘，并且给太平公主等人定了罪。

太平公主得知这个消息，十分震惊，居然一个小小的官吏也敢插手这件事情。于是太平公主派人找到雍州刺史窦怀贞，希望他能管制一下李元纮。窦怀贞赶紧叫来李元纮，严厉要求他将判决书改判。谁知李元纮拿起笔，在判决书上写下了几个大字："南山可移，判不可摇也！"意思是：即便终南山可以移动，我这个判决也是绝对不会改变的！

窦怀贞以为李元纮把判决书改过来了，拿过来一看，气得差点晕过去。无奈之下，窦怀贞将这件事情讲给了太平公主听。太平公主问窦怀贞："李元纮背后有什么大人物？"窦怀贞说："他没有什么背景，只是在雍州当职的时候公正廉明，在当地有一定的名气。下官觉得他不错，就让他做了司户。如果您真要杀了他，那么老百姓肯定是不会满意的。"

太平公主经过一番深思，最终没再追究李元纮的责任。几天之后，太平公主派人将石墨盘归还给了寺庙。这件事情被全京城的人知晓，人们都对李元纮的执法精神佩服不已。他的那几个判词更是成为佳话，后来经过演化，就有了一个"执法如山"的成语。

# 杜暹埋金

    杜暹是唐代的一名公正清廉、勤劳节俭的官吏。杜暹从一踏入仕途就养成了廉洁的好习惯，并且一生都坚持如此。

    杜暹曾当过婺州参军，离任之时，当地的官吏们送给他一万张纸。由于当时纸很贵，所以纸张越多，越能说明一个人的富有，这也能说明人们对杜暹的敬重程度。当时有一个惯例，官员之间迎接或是送别的时候，收取一点儿礼物也不算是贪污。虽然杜暹也明白这个惯例，但是他没有全部接受那一万张纸，只收下了一百张；至于剩下的纸张，都返回给了那些官吏。那些人看到纸退了回来，都不明白杜暹是什么意思，弄清楚杜暹的意图之后，当地的官吏们都十分佩服杜暹的清廉，都称赞说："文不爱财，武不惜命，杜暹真是个清官啊。"

    后来，杜暹被任命为监察御史，专门负责弹劾文武百官。当时唐朝政府为了更好地管理西北地区的少数民族的事务，设置了安西都护府和北庭都护府。安西副都护郭虔瓘与西突厥可汗阿史那献、镇守使刘遐等人之间有矛盾，经常互相指责对方。朝廷多次收到他们的上奏，但是不能断定他们谁是谁非；为了将事情弄个水落石出，朝廷派遣杜暹去西北彻查一番。

收到皇帝的命令之后，杜暹就动身去安西了。在去安西的路上，杜暹首先来到了西突厥，想要从这里获得一些信息。西突厥首领看到大唐朝廷派来了使者，赶紧设宴热情款待了杜暹一行人。在宴会上，西突厥首领拿出了大量的金子，要赠送给杜暹，以表自己的心意。杜暹推辞了多次，就是不肯收下那些金子。这时，杜暹的随行人员劝说："西突厥虽然地处边远地区，但是其人民热情好客。大人如果不收下，会让他们心冷的。希望大人不要割断与他们的情谊，还是收下为妙。"杜暹想了想，认为属下说得很对，于是就暂时收下了。

等到酒尽人散，三更半夜之时，杜暹将自己的属下叫了起来，让他们把西突厥首领赠送的金子埋在了帐篷周围，并且做了标记。过了几天，杜暹向西突厥首领辞别，在半路上他发了一道公文通知西突厥首领将埋在地下的金子挖出来。西突厥首领看完这份公文，心里十分惊讶，于是赶紧让人带着金子去追杜暹，但是派出去的人追了很久都没有追上。

杜暹办完事情后，就回京复命去了。没多久，郭虔瓘死于任中，接替他的张孝嵩任满迁为太原尹，安西副都护之职一时空缺。突厥和其他少数民族对退还金子的杜暹印象很深刻，十分敬仰他的清廉，于是都希望他能到安西当官。张孝嵩将这个情况汇报给了朝廷。皇帝听完之后龙心大悦，亲自召见杜暹，任命他为安西副都护。杜暹在安西任职四年，期间他仍然保持着清正廉明的作风。杜暹因此而深得民心，安西少数民族受到他的影响，都遵纪守法，当地没有发生动乱。后来唐玄宗称赞他"清廉耿直，勤奋能干"。

杜暹一生廉洁公正，临死之际还教导儿子不要收取别人的馈赠。等到杜暹去世之时，唐玄宗赐给他儿子300匹绢，文武百官也都带着财物去凭吊。可是杜暹的儿子不敢违背父亲的遗言，故而都没有接受。

# 因私废公的李林甫

　　由于唐朝前几任皇帝的积累，再加上唐玄宗开元年间的励精图治，唐朝出现了"开元盛世"。然而天下安定时间一长，唐玄宗就逐渐骄傲自满，开始荒废朝政。后来，李林甫因为贿赂唐玄宗宠幸的武惠妃而当上了宰相。他为了维护自己的权势，四处排挤贤能之士，天下人对此议论纷纷，然而唐玄宗由于不体察民情，专注于自己玩乐，一直对李林甫信任有加。

　　天宝六年，唐玄宗决定向天下招募有才之人，凡认为自己有一技之长者，皆可参加殿试，一旦审查合格，即可录用为官。这本是一件利国利民的大好事，但对于李林甫来说，却并不是好事。他一怕在宫中长期没有外出的唐玄宗听到天下人对自己的不利评价，二怕这些有才能的人将来会影响自己的权势。为了阻止这些事情的发生，他找到唐玄宗，表示选贤一事尚书省可以自行选拔，皇帝不必亲自出马。此时的唐玄宗沉迷于玩乐，而且对李林甫又极其信任，正好乐得清闲，便把选贤一事全权交给李林甫处理。李林甫可算是松了一口气，回去之后他立即召集负责考核人才的亲信，向他们说道："这次选贤，大家认真地去办事，但是最后不可以录取任何一个人。"亲信们自然应允，最后的结果是果真没有一人被录取。

李林甫拍马屁的功夫也确实一流，他不仅没有显露出自己故意不选中人才，反而对唐玄宗说："自从皇上登基以来，天下的贤能之士都为皇上效劳，这次选贤发现，因为贤能之人都被皇上选走了，所以剩下的都是些昏庸无才之人。皇上用人的贤明真是让人佩服，如今的局面真是可喜可贺。"对于这种明显的阿谀奉承，唐玄宗并没有丝毫的警戒之心，反而觉得十分顺耳，哈哈大笑起来。

李林甫对于当时声望很高和受到唐玄宗重视的官员，经常努力地去结交，表面上甜言蜜语，背后却暗下毒手，被当时的人称作"口有蜜，腹有剑"。和他同时为相的张九龄、裴耀卿、李适之等人都因为他的排挤而被罢相。

为了维护自己的地位，李林甫竭力堵塞言路，让唐玄宗对外事一无所知。杜琎不畏李林甫的权势而上书言事，结果被他贬为下邽令。为了杀一儆百，李林甫把群臣叫到跟前，对他们说："你们没有看到那些做礼仪用的马吗？他们一直老老实实，始终没有叫过，所以每天都有良好的食物，一旦叫了，就会什么都没有了。"大臣们听到这种威胁，也逐渐都看李林甫的眼神行事，再也没有人敢向皇帝提什么建议了。

以前戍边的文职人员因为功勋显赫，很多人最后都入京为相。李林甫努力排挤边地文职官员，生怕他们对自己的权势构成威胁。因为胡人不能入京为相，因此李林甫便上奏唐玄宗，说文官胆小，在作战时难以身先士卒，而胡人勇武有力，且更容易对皇上感恩，不如任命胡人做地方的统帅。不思进取的唐玄宗丝毫没有感觉到这又是李林甫维护自己私权的方式，就答应了他。李林甫因此保住了自己的宰相之位，然而却给唐王朝留下了巨大的隐患。李林甫长期排挤贤能，朝廷少有有用之才，而任用的胡人在边镇手握重兵，这些都是安史之乱发生的诱因。安史之乱后，唐王朝开始走下坡路，并从此一蹶不振，再也未能恢复到之前的繁盛局面。李林甫因私害国，在当时就被以平民之礼下葬，死后更是留下了千古骂名。

# 专权误国的杨国忠

　　杨国忠本名杨钊，是杨贵妃的族兄。他在杨玉环得宠后，顺着这棵"大树"一路爬到了宰相的宝座。因为得到唐玄宗的喜爱，他主动请求玄宗赐名，于是玄宗赐名"国忠"。

　　可这个"国忠"根本就名不副实，为人好大喜功，无缘无故就对边境少数民族地区发起战争。他的穷兵黩武不仅给少数民族地区造成了毁灭性的灾难，还使中原地区田园荒芜，民不聊生，无数将士死在前线。

　　在杨国忠当政期间，悍然发动了两次征讨南诏的战争。杨国忠当上京兆尹之后不久，就发动了第一次南征。他为了巩固自己的势力，就借机推荐自己的死党鲜于仲通出任率兵攻打南诏的剑南节度使，结果第一次南征唐军惨败而归，六万士兵战死前线。战争的结果导致南诏投附了吐蕃。可杨国忠为了自己的利益，不仅没有处罚鲜于仲通，反而向其他人鼓吹鲜于仲通的"战功"。没过多久，杨国忠又请求唐玄宗再次发兵攻打南诏。晚年昏庸的唐玄宗就下令在全国各地招兵买马。得到唐玄宗命令的杨国忠派人到各地去强行抓人。见到年轻力壮的人，不由分说就把他带上枷锁送进军营，导致老百姓家破人亡，哀声遍地。结果第二次南征，唐军再次惨败。两次南征，阵亡将士累积起来有近二十万人。

　　杨国忠利用职务之便，把国家财产中饱私囊。杨国忠为了笼络人心，壮大自己的势力，选官不论有没有才能，一律论资排辈。在杨国忠之前，宰相选官应交给侍郎以下的官员办理，必须经过多道手续，历时数月才能完成。但杨国忠为相时，却是事先预定好名单，然后把其他相关官员聚集到一起，走个过场，基本上一天就完了。除此以外，杨国忠还公开卖官。大小官员都挤破了头向他送礼。杨国忠家里的礼品单细绢就多达 3000 万匹，家中奴婢穿的服装都是用华丽昂贵的面料制成的。经过杨国忠的"化繁为简"，选官的权力已经完全由他一个人操纵。由于选官制度形同虚设，致使官员的素质大幅下降，入选的新官几乎都是那些擅长趋炎附势的小人。杨国忠的行为加速了唐朝的腐败衰落。屡战屡败的鲜于仲通联合其他几个杨国忠的死党，请求唐玄宗为杨国忠立碑以歌功颂德。唐玄宗慨然应允，并让鲜于仲通起草碑文，唐玄宗还亲自修改了几个字。鲜于仲通为了向杨国忠表达自己的忠心，竟用黄金填字。

　　杨国忠热衷于发展自己的党羽，对老百姓的疾苦漠不关心。有一年，关中地区发生特大水灾和罕见的饥荒。唐玄宗担心老百姓会因为灾情吃不上饭，杨国忠竟然让人从收成好的地区选来上好的庄稼给唐玄宗看，还绘声绘色地说："庄稼没有受到损失。"昏庸的唐玄宗信以为真，就打消了赈灾的念头。还有一次，一个地方官向唐玄宗奏报当地出现水灾，请求政府拨款赈灾，杨国忠便叫御史审问他，从此以后，谁也不敢向朝廷汇报灾情。

　　看到安禄山得到唐玄宗和杨贵妃的器重，犯了红眼病的杨国忠"羡慕嫉妒恨"。两个人互相诋毁，明争暗斗，矛盾逐渐升级，可唐玄宗却置若罔闻。最终，安禄山以讨伐杨国忠为名，掀起了安史之乱。杨国忠在跟随唐玄宗逃跑时，因为平时得罪了很多人，又与太子李亨有积怨，最终命丧马嵬驿。

杨国忠作为一朝宰相，没有匡扶社稷，力挽狂澜，他像催化剂一样加速了唐王朝的衰落。

# 安禄山骄奢败亡

安禄山的生日很大，正月初一。唐肃宗至德元年（即玄宗天宝十五年，肃宗于此年夏天方称帝，756 年）正月初一这一天，安禄山五十五岁，他给自己送了一份大礼——在洛阳称帝，建国号大燕。安禄山自称大燕皇帝，建年号"圣武"将儿子安庆绪封为晋王、安庆和封为郑王，文武大臣加官晋爵，一个朝廷初具模型。可惜这个朝廷只是个样子货。

安禄山能够发动叛乱，是因为他深受唐玄宗宠幸，身兼范阳、河东、平卢三镇节度使，手握重兵。这时的唐玄宗骄奢无度，任人唯亲，使得唐王朝政治腐败，武备废弛。这无疑给了安禄山一个机会。安禄山攻下洛阳还不到一个月，就迫不及待地登基做了皇帝。但对于登基之后的事，他却没有深思熟虑过，以致一遇到阻碍，马上就慌了手脚。

安禄山登基之后，自己坐镇洛阳，将手下兵马分成四路进攻长安。把手潼关的哥舒翰坚守不出；颜真卿等人巧舌如簧，把原本臣服的大臣劝说得纷纷反叛；史思明率领的兵马遭遇郭子仪、李光弼的大军，屡战屡败。唐军形势一片大好，安禄山心慌意乱，将手下谋士高尚、严庄叫来一通大骂，高喊："这么多年，你们一直叫我造反，说什么万无一失。现在潼关牢不可破，数月不能进；北边被唐军围得严严实实，连消息都传不出来，而我所占领的地盘也不过就是汴、郑数州而已，万全何在？你们再想不出办法，就直接死了好了。"登基之后，安禄山的所作所为，与其说是一个皇帝，不如说更像一个占山为王的山贼。他四路进军，只想扩大燕国的地盘，掠夺别的地方的财富。他大肆搜刮，每到一处，"城中衣服、财贿、妇人皆为所掠。男子，壮者使之负担。赢、病、弱戏杀之。"

《资治通鉴》记载，安禄山攻克长安之后，"自以为得志，日夜纵酒，专以声色宝贿为事，无复西出之意。"安禄山进了长安，听说长安的百姓乘乱盗窃府库财物，想到自己此行也得搜刮一番才行，就派人在长安大肆搜刮三日，翻箱倒柜，不管是唐朝的库银，还是百姓的私产，一概搜掠殆尽，"铢两之物无不穷治，连引搜捕，支蔓无穷，民间骚然"。安禄山从前在唐玄宗跟前，一直非常羡慕唐玄宗的种种骄奢之举，所以又下令把当初为唐玄宗唱歌、跳舞、表演杂技的那些优伶，唐宫里的宫嫔、乐工、骑士以及仪仗、珍禽等一并送到洛阳。

安禄山常常大宴群臣，当时搜罗的梨园弟子有数百人，一起在东都禁苑凝碧宫给安禄山以及一众官员奏乐、唱曲，园中歌舞升平，一派太平盛世的景象。安禄山沉溺于声色犬马之中，自以为可以高枕无忧，接下来要做的就是过唐玄宗那种骄奢淫逸的生活。安禄山在纵情声色之后，渐渐和他的手下脱离开来。他流连于后宫内帷，不理政事。但安禄山没能高兴太久，他原本就有眼疾，由于过于纵情声色，使得他不到一年就失明了，而且他还得了毒疮，非常痛苦。他原本脾气就暴躁，生病之后更加狠戾，无论是身边的侍从，还是手下的重臣，甚至是他的儿子都经常受到他的斥责、打骂。

至德二年，正月初五，严庄与安庆绪持兵守门，侍从李猪儿拿刀，冲入安禄山大帐，将安禄山砍得肠穿肚烂，安禄山最后一命呜呼。这时，安禄山当皇帝才当了一年零四天。

# 贾至护法

无论是在古代还是现代，法律高高在上，任何人即使是有功劳的人犯了法，也应该依法受到严惩。唐朝的贾至勇于维护法律的尊严，是值得我们学习的一个榜样。

唐肃宗当政时期，有一个叫王去荣的将军，他和富平县县令杜徽有私人恩怨。后来，王去荣为了报复，私下里将杜徽杀死了。这件事情被朝廷知道了，在群臣之中反响很大。大臣们一致认为："王去荣私下杀死朝廷的官员，按照法律应该判处死刑。"然而皇帝可不这样想，他想："当前正是用人之际，陕州还需要一名擅长防守的大将去坐镇，而王去荣正是一个合适的人选。现在杀了他的话，就没有人能够驻守陕州了，所以还是先不杀为好。"接下来皇帝不顾群臣的呼声，力排众议，直接下旨免去王去荣的死罪，之后将他流放到陕州，希望他能戴罪立功。

当时负责起草诏令的中书舍人是贾至。他知道皇帝的心思后，没有立即执行皇帝的命令，而是向皇帝进谏说："圣人诛伐无道的奸臣，平定叛乱之后，首先做的是宣扬法令的重要性，并且要求人们不要违背礼义。这样的话才能得到老百姓的拥护和支持。当年汉高祖刘邦入关之后，与当地的百姓约法三章，赢得了老百姓的信任与支持，最终打败项羽得到了天下。他的约法三章中，有一条是这样的，杀人者偿命。一旦规定下来，就是一条不能随便更改的法律。现在王去荣将军管不好自己的手下，并且为了发泄自己的私人恩怨杀害了朝廷的官员。他的这种行为已经是犯了欺君的大罪，按照律法应当将其斩首示众。但是现在有人说，王去荣是善于防御城池的大将，陕州除了他，别人都守不住。依我来看，事实不是这样的。之前，大将李光弼曾经守太原，程千里守上党，许叔冀守灵昌，鲁灵守南阳，贾贲守雍丘，张巡守睢阳。当时也没有王去荣去防守，可是他们都守住了城池，打退了叛军，这说明什么问题？难道就因为王去荣会守城就要免除他的死罪吗？要是这样的话，那些射箭技术好的、剑术高明的和武艺超群的人，要犯上作乱，又该怎样去制止他们呢？再说现在如果不判王去荣死罪，那么不就是说法律没有公正性了吗？如果是这样，那么会让更多的人犯罪。这次要是不处死王去荣，就有可能杀掉十个和王去荣一样有才能的人，那么必定会给国家造成更大的损失。那些违法乱纪的人，有在一个方面犯法而在别的方面守法的吗？王去荣这样扰乱治安的人，能治理好陕州这个地方吗？他私自杀害官员，能保证他不犯上作乱吗？大唐律法，是太宗皇帝制定的，陛下不能因为一个人的小才干而忽略先皇制定的国家大法。希望陛下三思。"唐肃宗听了贾至的一席话，又加上大臣的劝告，最终下令将王去荣处死。

# 唐朝巨贪元载

　　元载，是唐代宗时期的宰相，是中国历史上的一大巨贪。在他被抄家的时候，起赃无数，光胡椒就有 800 石，换算成现在的重量单位，有 60 多吨。胡椒这种东西，不过是一种调味品，日常用量极少，一顿饭也不过用几粒。但因为是从 9000 里外的天竺运来，所以价格非常高。受贿的人给元载送了如此多的胡椒，可以看出此人的手笔之大，而元载连不太用得着、但价格非常高的胡椒也要那么多，可见元载的贪婪。

　　元载出身寒微，不过他非常好学，很小就能下笔成章。他偏好道家学问，熟读庄子、老子、列子等诸子论著。河西节度使王忠嗣见元载满腹经纶，一表人才，便将自己的女儿王韫秀许配给了元载。却没想到，元载没有考试运，屡次参加乡试都没能考中。然而，元载却并不灰心，从没放弃过科举入仕的念头。当时在位的皇帝李隆基崇尚道教，他在天宝初年颁布诏书，搜求天下精通道家著作之人。元载满肚子的道家学问正好派上了用场。这次，他不仅顺利地通过了考试，还考了个高分，终于踏上了仕途。

　　元载入仕之初，虽然官卑职小，但确实做了些实事，并因为办差得力，有了不小的名声。唐朝发生安史之乱时，唐玄宗为了反攻，下令地方有自行招募官员的权限。苏州刺史、江东采访使李希言因为听说元载很有能力，就任命他做了副使。在确认了元载的能力之后，又推荐他做了祠部员外郎。这个职务虽然职位不高，但当时的官员却非常看重，这个职务可以说是升职的一个重要的阶梯。果然没多久，元载就出任洪州（今江西南昌）刺史，并在安史之乱平息后，入朝任度支郎中。因为他聪明机敏，领悟能力强，善于奏事对答，因此得到了唐肃宗的赏识，他开始被委以重任。元载的贪婪在唐肃宗将他提拔至户部侍郎、度支使并诸道转运使，总领全国财政事务后，开始慢慢地显露出来了，他汲汲营营，满心都是升官发财。

唐肃宗因为全靠宦官李辅国才能当上皇帝，再加上李辅国掌管禁军，所以对他总是避忌三分。李辅国居功自傲，把持朝政，直言"皇帝但居禁中，外事听老奴处分"。元载见李辅国权势大，便想办法主动接近他，再加上他和李辅国的夫人元氏有些亲戚关系，他最终成了李辅国阵营里的一位红人。果然，他能得到宰相之位，也不过就是李辅国的一句话。

当时，朝廷任命户部侍郎元载为京兆尹。但元载并不愿意，户部侍郎是个分管财政赋税的肥缺，京兆尹却没什么油水。他去找李辅国，告诉他自己不想当京兆尹，求他给自己想个法子。李辅国就去找唐肃宗，说萧华嚣张专权，不适合当宰相，让肃宗罢免他，改任元载。唐肃宗看了看李辅国，知道这是个命令，毫无办法，只能点头。最后唐肃宗罢免了萧华宰相的职位，而元载被升为同平章事（二级宰相），兼任户部侍郎。

元载刚当宰相没多久，唐肃宗就病死了，唐代宗继承皇位，而李辅国权势比以前更大。通常来说，皇上很难喜欢一个嚣张跋扈的臣下，而和那位臣下亲近的人，自然也会恨屋及乌地厌恶。但元载却能每每洞悉先机，总是能知道皇帝的心意，所以很快就得到了新皇帝的信任。直到李辅国失势，元载也没倒。为了能和皇帝心意相通，元载花重金贿赂了皇帝身边的董秀，让他暗地里向自己报告皇帝的近况。因此，无论皇上想到了什么，元载都能和皇帝"想到一起"，从而顺着皇帝的意愿办事，唐代宗由此更加信任他了。

在李辅国之后，奸宦鱼朝恩又成一大权臣，他专横跋扈，连唐代宗的面子都不给，朝中要是有什么事没问过他，立时就会火冒三丈，高喊："天下事有不由我者也？"凡是他请奏的事，唐代宗都不敢否决。这人凶狠霸道，元载也对他十分畏惧，生怕哪天自己也成了他的阶下囚。他知道唐代宗也想除去鱼朝恩，就偷偷用重金贿赂鱼朝恩手下的两大臂膀——大将军周皓和陕州节度使皇甫温，让他们背叛鱼朝恩。大历五年 (770 年 ) 三月，唐代宗以寒食宴为由，留下鱼朝恩，让周皓擒住鱼朝恩并将其缢杀。

至此，元载自认为有擎天之功，欲望暴涨。他从此结党营私、卖官鬻爵，毫不遮掩。他将江淮等富庶之地的要职，以及京师行政机构的重要官员，全都换成了他的党羽。并任用亲信，排斥异己，满朝文武因为惧怕他的威势，大多对他俯首帖耳，唯命是从。

元载的妻子王韫秀凶狠暴戾，权力欲极强，经常"帮着"元载做决定，这种决定不仅是元府的大小事务，还包括朝中大事。元载每天上朝，王氏和她的三个儿子元伯和、元仲武和元季能，便在家收受贿赂。而"想要当官，就拿着钱去找元载"已经成了元载执政期间官场上的一个潜规则。只要钱到位，必然能称心如意。所以，当时长安城内到处都是全国各地慕名来买官的人。负责选择官员的吏部侍郎杨绾，为人正直，因为看不惯元载等人的所作所为而遭到了元载的排挤。恰好岭南节度使徐浩想买个京官，就将自己在南方搜罗的不少珍宝送给了元载。结果，他很快就成了吏部侍郎，而原任这一官职的杨绾则被罢免了。一个叫陈少游的官员，在接到桂州刺史、桂管观察使的任命后，因为不愿到偏远的岭南地区为官，马上就给元仲武送了一笔钱，果然如愿以偿。他为了能在官场站稳脚跟，每年贿赂元载的金帛差不多有十万贯。元载主张"政以贿成"，可见"卓有成效"。

元载得势后，生活奢靡放荡，他家里藏满了各种奇珍异宝，所敛钱财数不胜数。而元氏兄弟更是仗着父亲权势，横行霸道。他们招募了不少地痞流氓充作打手，恣意妄为。元载热衷华屋美厦，他花费巨资，在长安城中一南一北建了两处流光溢彩、富丽堂皇的豪宅。这两座豪宅，在元载倒台后，被分配给数百户有品级的官员居住使用，由此可见，这两座连着数条街的大宅，有多么的巍然庞大。元载还在城南的大片耕地上，建了数十处别墅，只一处，里面就有一百多名婢女奴仆。他们满身绫罗绸缎，出手比一般百姓都要阔绰。元载又在东都洛阳修建了一处园林，雕栏玉砌，美不胜收。（这座园林在被没收充公之后，改成了一座皇家花园，可见它的奢侈华美。）

唐代宗眼见元载愈发嚣张，将自己逐渐架空，再也不能忍了。大历十二年三月，唐代宗派舅舅左金吾大将军吴凑前往宰相的办公地点政事堂，逮捕元载及其党羽，元载的妻儿也一并收监。元载所有恶行从未遮掩，自然辩无可辩，元载等人供认不讳。不久，元载及其妻王氏、三子均被判处死刑，他的女儿虽然已经出嫁，也被判入后宫做了奴婢。元载的众多党羽，中使董秀、主书卓英倩、李待荣以及阴阳道人李季连均被处以极刑。不仅如此，唐代宗为了表示朝廷反贪的决心，下令将元载在长安城中的两处豪宅充公，作为官署使用。又把元载搜刮的"钟乳五百两"，分赐群臣。还烧了元载家庙里的祖先像，挖了元载家的祖坟，弃尸荒郊。

元载被行刑的时候，举国皆庆。大家拥到街上，欢呼这个气焰嚣张的巨贪终于得到了应有的下场。在行刑的时候，刽子手按例询问元载，到了这个时候，他还有什么心愿。元载垂头丧气地回答"愿得快死"。但主刑的刽子手并没有让他如愿，他说："相公须受少污辱，勿怪！"接着他脱下自己的臭袜子，塞到了元载的嘴里，然后才开始行刑。

元载这位利欲熏心的巨贪，生前志得意满，权倾朝野，贪污堕落。但是就算他搜刮了再多的财物，最终也什么都没能带走。不仅如此，还被抄家灭族，连祖坟都没能保住，自己也落得个身首异处、遗臭万年的下场。

# 段秀实不惧权贵

  段秀实，字成公，唐朝陇州汧阳人。安史之乱后，任泾州刺史兼御史大夫，四镇北庭行军泾原郑颍节度使等职，总揽西北军政。他主政期间吐蕃不敢侵犯边境，百姓安居乐业。后因在泾原兵变时，当庭以笏板猛击叛将朱泚而被杀，被人称赞"自古殁身以卫社稷者，无有如秀实之贤"。他不仅以德立身，而且体恤百姓，不畏豪强。

  段秀实担任泾州刺史期间，唐朝大将郭子仪的儿子郭晞以尚书的身份兼任行营节度使，驻军于邠州。然而他的军队军纪涣散，他放纵士兵的种种恶行。邠州的地痞流氓纷纷用钱买通关系获得军籍，然后就肆意妄为，官员们无人敢管。他们每天成群结队在闹市中向人要钱，如果不给就一起动手打人。后来他们甚至将怀孕的妇女撞死，一时间民怨四起，百姓苦不堪言。然而由于郭晞的父亲是汾阳王郭子仪，邠宁节度使白孝德对此也不敢多言。

  这时，段秀实从泾州来到白孝德的府邸，表示要和他商量事情。他到了白孝德的家中就说："皇上把这一方百姓交给了您，你看见百姓被人残害，却一副满不在乎的样子。如果将来出了大乱，那你怎么办？"白孝德说："愿意听取你的教诲。"于是，段秀实说："我当泾州刺史十分舒服，事情也不多。但如今实在不忍心看到百姓无端被杀，请您命我为掌管军纪的都虞侯，让此地的百姓不受侵害。"白孝德十分高兴，答应了他的请求。

一个月之后，郭晞的军队中有 17 个士兵去市场取酒，又用刀刺伤了卖酒的人，把酿酒的器具砸坏，酒撒得四处都是。段秀实立即召集人马将这 17 个人抓起来，全部处死，并将他们的头插在长枪上，挂在市场的大门外示众。郭晞的部下听说这件事之后，立刻就炸开了锅，士兵们穿起兵甲，要出去闹事。白孝德听说之后，十分害怕，立即召见段秀实，问他如何处理。段秀实却毫不在意地说："没什么事，我自己去军营中解决。"白孝德担心他的安危，派了好几十名士兵陪同他前往，但他都推辞了。然后段秀实解下自己随身的佩刀，选了一位又老又瘸的人帮他牵马，前往郭晞的军营之中。

到了军营，全副武装的士兵立即就围了过来，段秀实却毫无惧色，笑着对他们说："你们杀一个我这样年老体弱的人还用穿盔甲吗？我今天已经带着我的头来了。"那些士兵听了这些话，都愣在原地，不知如何是好。他又对这些士兵说："郭晞郭尚书亏待你们了吗？郭子仪郭副元帅亏待你们了吗？你们为什么要祸乱百姓来败坏郭家的名声呢？让郭尚书出来，听我讲话。"

郭晞出来以后，段秀实对他说："郭子仪副元帅功勋显赫，应该有始有终。如今您放纵手下的士兵作恶，祸乱皇上的边关，将来皇上会怪罪谁呢？一定是怪罪郭副元帅。现在不少邠州的恶少混在您的部队里残害百姓，如果不加以阻止，能有多长时间不出大乱呢？如果大乱的起因是因为您，而世人肯定都会说是您仗着副元帅的威名，不管理士卒。到那个时候，郭家建立的功名，又能被人记住多少呢？"段秀实话还没有说完，郭晞就两次拜谢他，并对他说："您向我传授做事的道理，对我恩情很大，我愿意让士兵听从您的命令。"于是对周围的士兵们说："你们全都把盔甲脱掉，回到营中，谁敢闹事就军法处死！"

段秀实为了看郭晞是否真心想这样做，就对郭晞说自己想在营中吃饭。等到吃完了，又说自己疾病发作，希望在营中过夜，并让牵马的人回去，第二天再来，然后他就留宿在军中。郭晞担心发生意外，整晚都没有脱衣服，同时命令值班的士兵看好段秀实。第二天，郭晞和段秀实一起来到白孝德的办公府第，郭晞承认了自己的错误，要求改过自新。从此，晞州就不再有士兵之祸。

# 廉洁简朴的杨绾

"历官有素丝之节，居家无匹帛之余"是唐代宗对一位臣子的高度评价。这个人就是宰相杨绾。

杨绾一直都很注重德行修养，虽然家境十分贫困，但仍乐于坚守信仰，当时的人们都称赞他廉洁简朴。在多年为官的生涯中，每次发了俸禄，他除了留下够自己用的钱之外，其余的都馈赠给亲朋故人。至于购置家产这样的事情，他更是没有做过，直到死还住在旧宅之中。据史书记载，杨绾被唐代宗任命为宰相之时，京城中的那些奢侈的权贵们得知消息后，立即变得简约起来。

众所周知，大将郭子仪是唐代的大功臣，多次平定叛乱，大败吐蕃，一度光复京师。皇帝论功行赏，晋封他为汾阳郡王，甚至赐给他免死铁券。虽然郭子仪带兵打仗十分出色，并且立下了汗马功劳，然而他也有一个大的缺点，那就是非常喜欢讲究排场，经常铺张浪费。每举行一次宴会，往往会花费数百万串的铜钱。有一天，郭子仪邀请了许多亲朋和同僚一起宴饮，其排场奢华至极。就在大家欢快畅饮之时，郭子仪的一个手下十分慌张地走进来，向郭子仪报告了一件事情："杨绾当上了宰相。"郭子仪听完之后，心里觉得不妙，于是赶紧将那些伶人和歌姬都轰了出去。在座的宾客都十分不解，就问郭子仪发生了什么事情。郭子仪告诉了他们实情，众宾客听完之后心里也是十分慌张，于是就纷纷告辞了。

连位高权重的郭子仪听到杨绾的名字都约束自己的行为，更不用说其他人了。有一个御史中丞叫崔宽，任职期间搜刮了大量的钱财，还在京城的繁华地带盖了一套别院。这个别院金碧辉煌，门庭若街，足见其奢华程度。崔宽得知杨绾当上了宰相，虽然心里不爽，但还是让手下将这座豪宅拆了，他搬到了自己的旧宅之中。

还有京兆尹黎干，此人深得皇帝的宠爱，每次出行都会有一百多个仆人前簇后拥，并且每个人都骑着马，可谓声势浩大。当他知道杨绾拜相之后，就立即决定不再带那么多仆人出行。一时间，京城中的权贵都闻风由奢入俭，收敛了许多。

杨绾被任命为宰相之时，已经得了重病，身体十分虚弱。可是这个瘦弱的身体却散发着一种正气，因而京城里的权贵们都十分忌惮他，不敢触犯底线。

杨绾凭借着自己的正气，使得社会风气为之一清，不得不让人万分钦佩。可惜的是，杨绾拜相之后，没多长时间就与世长辞了。唐代宗得到消息，亲自去杨绾府上吊唁，并且对百官们说："上天让我失去了杨绾，没有他的辅佐，我要实现大治天下这个目标就十分困难了。"

廉洁简朴的杨绾

# 理财好手刘晏

　　长达八年的安史之乱过后，唐朝的农业生产遭受了极大的破坏，唐朝政府面临严峻的财政危机。雪上加霜的是，受战乱影响，漕运河道受阻，皇粮无法输送到都城长安，长安城内不仅百姓饥荒，而且宫内上下也失去了三餐保证。

　　在唐朝政府四面楚歌之时，唐代宗把运输漕粮的重担交给了时任吏部尚书，兼任度支、转运使的刘晏。

　　沿着漕运路线考察一番后，刘晏深感头痛。漕运过程本就复杂，需先组织几千艘船只，把长江中下游产的粮食运到扬州集中。然后再从扬州经运河进入淮河，由淮河转入汴河，再进入黄河。进入黄河之后西上，经三门峡之险后才转入渭河。水路蜿蜒曲折 3000 里，才能到达长安。如今，河道不通已是一大问题，而解决问题的劳动力又是一大困难。经过战乱后，百姓伤亡惨重，人工严重短缺。此外，又因为战乱后社会秩序还没恢复，各地盗贼蜂起。要想恢复汴河漕运，实需过关斩将，并非容易之事。所幸的是，刘晏是个忧国忧民之人。"见一水不通，愿荷锸先往；见一粒不运，愿负米而先趋。"他不会因为困难而放弃救国救民，更何况圣命难违。刘晏下定决心，无论如何也要恢复漕运。他将所有困难上报后得到了上级部门的全力支持。

刘晏首先组织大量民工和兵丁疏浚河道。为了确保人工到位，他废除无偿徭役制度，改为工资雇用制。为了降低风险，刘晏设计了分段接运的运输方案，分别在汴河、黄河、渭河设置了周转站。当运船到达周转站时，不转下一段水道，而是把漕粮从船上卸下，另装到另一水道的船只上。这样就省去了周转运船的麻烦，提高了运粮效率。为了确保整个货运安全，刘晏派出官吏和军队沿途押送。之后，刘晏还在运输工具上做了改良，不惜成本打造坚固耐用的船只，每艘船投入1000缗（穿铜钱的绳子，每缗1000文），用以支付材料和人工费用。为了克服漕运中的最大困难——闯过水流湍急的三峡关，刘晏改进了船纤所用的材料，制成了坚韧的纤绳，减少纤夫伤亡事故。每船配备30人拉纤，5人撑篙，解决了船只通行的技术难题。

当第一批漕粮顺利运抵达京城时，迎接的唐军"皆呼万岁"。由汴河运送过来的粮食物资等不仅解决了当时唐朝都城内官员和百姓的基本生活问题，而且巩固了危在旦夕的唐朝中央政权。

通过改革运输方案和改进船只，刘晏成功完成了漕运任务，他的才华也因此被唐代宗赏识。此后，刘晏被升任为兼管财政的宰相，他通过对盐铁、农经、贸易等财经业务进行改革，进一步改善了唐朝的财政状况。

刘晏认为"户口滋多，则赋税自广，故其理财以爱民为先"，所以在进行改革时他坚持"养民以养税之道"。刘晏的"养民""爱民"思想，在他改革漕运时就已经得到了体现。他在扬州设中转仓，以分段运输方式运送漕粮，使"江岸之运积扬州，汴河之运积河阴，河船之运积渭口，渭船之运积太仓"。施行转运制的同时，他还使用雇佣劳役的方法，为百姓增加了就业机会。主管财政后，在改革盐务时，刘晏再次"以爱民为先"，制定了一系列"养民"政策，在改善百姓生活的基础上使国家富裕起来。

在刘晏改革盐务制度前，唐朝的盐业施行国家专卖制度，统一由官府收购由制盐户生产出的盐，然后再由官府运输、销售。安史之乱后，由于全国经济困难，很多贪官污吏借官府垄断盐业的专利私自提高盐价，中饱私囊。这不仅使得百姓的生活更加疾苦，而且严重影响了国家的盐税收入。刘晏改革盐政时针对之前的各种弊端施行了以下新制度：

其一，规定"官收盐户所煮之盐，转鬻于商人，任其所止"。即改官收、官运、官销为官收、商运、商销，政府统一征收盐税，商人只要缴纳盐税就可以在规定区域内销售食盐。为了保证商人的利益，刘晏又奏请"罢州县率税"，禁止地方官吏和军队设置关卡重收盐税。这样就减轻了运盐商人的额外负担，也降低了售盐商人的运盐成本，使食盐的流通更加顺畅。商人的利益得到了保护，国家的税收也更有保障。

其二，规定在钱币不足的状况下，先由政府把绢的定价调高，然后允许"商人纳绢以代盐利"。这样可以维持食盐的销售，防止私盐的泛滥，此外通过鼓励商人纳绢，政府得到了大量绢帛，也省去了先收钱再转购绢帛为士兵制作军服的麻烦。

其三，针对边远地区因食盐少导致盐价高的问题，他在边远地区建盐仓，当盐价高时"则减价以粜民"。这样一来，不仅百姓的食盐困难得到了解决，官府也可以从中获取小部分利润，从而在一定程度上增加了政府的财政收入。

其四，鼓励百姓加入食盐生产的行业中来，通过发展盐业扩大食盐流通，争取更多的盐税收入。这样可以使更多的百姓从生产盐的劳作中获利，政府也不至于以克扣盐户煎盐本钱或抬高盐价来搜刮盐利。

自刘晏施行民制官收、商运商销的新盐政制度后，大批盐吏被裁减。运输成本降低后盐价降了下来，商人因此获得了利润，百姓也得到了实惠，国家税收也大大增加。改革前，唐朝政府每年的盐税收入仅有 60 万缗，改革后的十多年间，这个数字连续上升，到大历末年（779 年），增至 600 多万缗。此时，盐税的收入占了当时唐朝政府财政收入的一半。

刘晏改革盐政，不以苛捐杂税为手段，而是在保证商人和百姓利益的基础上，通过改善制度来谋取大利。后来，他推行"常平法"改革粮价时，同样坚持"养民以养税之道"的理财理念。为了真正做到"养民"，他首先在各州县设置了收集当地农业经济信息的"知院宫"，任命勤廉爱民的有志之士为知院官。知院官每月收集当地包括天气状况、物价、庄稼好坏等经济信息后上报给中央，中央政府据此对当地实施"丰则贵取，饥则贱与"的惠民策略。如果某地农业丰收，政府就以高价收购粮食，存入仓库，或者以低价出售给因水旱灾害等原因歉收的地区。常平法防止了粮食丰收时谷贱伤民，也防止了灾荒时粮价上涨，稳定了物价，确保了民生。

刘晏主张的以"爱民""养民"为基础的理财之道，并非是指政府简简单单的"施舍"百姓的行为。他指出："王者爱人，不在赐予，当使之耕耘纺织，常岁平敛之，荒年蠲救之。"在施行赈济的时候，他不会只考虑灾民一时的利益，而是从长远角度出发。他说："善治病者，不使至危急；善救灾者，勿使至赈给。故赈给少，不足以活人，活人多则阙国用，国用阙则复重役矣。"为了保证救灾的支出不会影响国家的财政，也就是避免救灾过后政府由于支出过多而增添赋税，他未雨绸缪，在灾荒发生前就先设立用来平抑物价的仓库。在救灾过程中，他又施行"贱以出之，易其杂货"的救济策略，即以低价灾粮换取灾区的土特产，鼓励灾民投入到副业生产中，尽快回复灾区经济。在刘晏的一系列"以养民为先"的改革下，唐政府的财政状况大大改善，国家变得富有，人口也大大增多。经过十多年，全国户口就由 200 万增加到 300 余万，增加的人口大多分布在刘晏所管辖的地区。

# 杨炎创行两税法

　　唐初，赋税征收施行"有田则有租，有身则有庸，有户则有调"的租庸调制，该制度建立在把土地平均分配给农民的"均田制"的基础上，是一种以"人丁为本"的赋税制度。到了唐中后期，由于政府放宽了对土地买卖的限制，土地兼并空前盛行。不少农民被迫放弃土地，给地主做佣工。农户变得稀少，地主占有的土地变得更多。此时赋税仍按租庸调的旧制，按人头征。农户不堪重负，相继逃离。地方官吏为了完成税收任务，把逃户所欠的税款摊派给他们的邻居，致使百姓逃亡的现象更加严重。户口锐减，户籍制度也随之作废。天宝末年，安史之乱之后，均田制彻底遭到破坏。德宗建中元年（780年），为了解决"天下之人苦而无告"的社会危难，同时拯救唐朝政府的财政危机，宰相杨炎向唐德宗建议实行新的税收制度。

　　新税制规定："凡百役之费，一钱之敛，先度其数而赋于人，量出以制入。户无主客，以见居为簿；人无丁中，以贫富为差。不居处而行商者，在所郡县税三十之一，度所取与居者均，使无侥利。居人之税，秋夏两征之，俗有不便者正之。其租庸杂徭悉省，而丁额不变，申报出入如旧式。其田亩之税，率以代宗大历十四年（779年）垦田之数为准而均征之。夏税无过六月，秋税无过十一月。逾岁之后，有户增而税减轻，及人散而失均者，进退长吏，而以尚书度支总统焉。"

新税制的开头提出了赋税征收前先"量出以制入"，让有关部门先预算开支再确定赋税总额，然后按计划进行收支。虽说预算是以"旧征额数"为依据，但它一定程度上防止了贪官污吏以各种名义胡乱征税的腐败现象，同时扼制了滥支行为的发生。为了革除原租庸调制赋税征收繁杂的弊端，新制度取消了租庸调及各项杂税的征收，代以户税和地税。户税的征收以"户无主客，以见居为簿；人无丁中，以贫富为差"为原则，即不再以土户（本地户）和客户（外来户），或者人丁年龄的老幼来区别征税，而是规定凡是当地居民都要编入户籍，然后按照资产的多少来缴纳不同额度的赋税。这样就避免了一些官僚地主把家产转移到其他州县，借以逃税。新税制还规定外来做生意但又没有入当地市籍（商人的户籍）的商人，须按照其所有财产三十分之一的比例给当地交税。新法中，地税的征收也不再以人丁数目征收，而是按照农户拥有土地的多少来征税，纳税的土地，则以大历十四年的垦田数为准。最后，新税制规定，无论户税和地税，都分夏秋两季征收，夏税的交纳期限不能超过六月，秋税限十一月纳毕。因为分两季征收，所以新税制被称为"两税法"。

两税法的内容与之前施行了四百多年的租庸调制抵触很大，当时掌管赋税的官员认为旧制度不可以随便更变，不同意新法的施行。唐德宗排除众议，采纳了杨炎的建议，推行两税法。两税法"唯以资产为宗，不以丁身为本，资产少者则其税少，资产多者则其税多"。较之租庸调制，它改变了百姓承担赋税不合理的现象，更为人性化，所以更为百姓所接受。又因为它规定富豪商人及地主也要交税，扩大了纳税人群，所以增加了国家的财政收入。该法施行后，"人不土断而地著，赋不加敛而增入，版籍不造而得其虚实，贪吏不诚而奸无所取，自是轻重之权始归于朝廷"。

　　两税法带来的赋税改革虽然在一定程度上改善了当时唐朝中央政府的财政状况，但它也有弊端。两税法只规定了按土地的多少来收取地税，没有限制土地买卖，于是土地兼并的现象依然存在。富人逼迫农民卖地，得到土地后他们却隐藏田产，逃避税收。失去土地的农户仍旧只得逃亡。在这样的情况下，土地集中达到了前所未有的程度。但是，总的来说，两税法是具有一定进步性的。首先，它"量出以制入"的规定为中国税制开创了预算的先河。此外，它不计人丁但按土地资产多少来收税的做法不仅使百姓的赋税负担有所减轻，而且使百姓依赖土地的束缚性减弱，于是有更多的人参与到商业和手工业中来，这样就促进了商业的发展。这个做法后来被后朝借鉴，此后历经800年的封建王朝都以两税法为基本的赋税制度，这样使得中国古代的商品经济逐渐走向一个成熟的阶段。两税法的实施是我国封建社会赋税制度的一次重大改革，对中国税制有深远的影响。

# 唐德宗首征茶税

我国饮茶之风由来已久，汉代时期，巴蜀是全国的茶叶中心，那时巴蜀饮茶之风已经普及。魏晋南北朝时期，饮茶之风在长江中下游地区兴起。到了唐朝，国家实现大一统，经济一度繁荣，全国各地往来更加密切，饮茶之风随之在北方盛行。上至王公大臣，下至黎民百姓，都离不开茶。茶叶成为人们的日常必需品，贩卖茶叶有巨额利润可图。因而唐代的一位统治者，接受大臣的建议，首次征收茶税，他就是唐德宗李适。

唐德宗即位之初，天下不太平，朝廷势单力薄。为了扭转这种不利的局势，建中元年，唐德宗宣布废除租庸调制以及其他的苛捐杂税，采纳宰相杨炎的建议，推行两税法，征收户税和地税，每年夏秋两季征收。两税法不但规定百姓要交税，而且官员、商贾都要交税，所以税收来源扩大了许多。如此一来，政府的财政收入就增加了。然而两税法在具体实行过程中暴露出了许多弊端。

建中二年，山南东道节度使梁崇义、魏博节度使田悦、成德节度使李惟岳、淄青节度使李正己起兵反唐，史称"四镇之乱"。这些军阀割据更是加深了唐朝的政治、经济危机。为了走出财政困境，唐德宗扩大了征税范围。建中四年，户部侍郎赵赞发现，百姓之中大兴饮茶之风，民间茶叶贸易繁荣，便向唐德宗上奏，建议皇帝征收茶税，税率为十分之一。唐德宗认为这条建议非常好，立即采纳。同一年，唐德宗颁布诏令开始征收茶叶税，由盐铁转运使全权负责。可是就在第二年，"四镇之乱"平定之后，唐德宗大赦天下，把茶税免除了。

贞元九年，民间饮茶风气更胜从前，茶叶生产快速发展。基于这种态势，唐德宗下诏恢复茶税，将茶税单独列为一个税种，以茶税替代地租。他规定，茶叶产地交产品税，运输茶叶之时交商品通过税。盐铁使张滂也趁机向唐德宗上奏："只要是生产茶叶的州县和茶园，都要交税。茶叶商人运输茶叶，也要交运输费，按照三个等级征收，抽取十分之一的税。"唐德宗接受了他的建议。为了保证财政收入，唐德宗还规定：贩卖私茶超过三次，茶叶数量超过500斤的人，都要判处死刑。由于朝廷对私茶做出了严格的规定，而且从多个环节对茶征税，所以朝廷征收了大量的茶税。当年全国的财政收入中，仅茶税一项就达到了41万缗。

茶税的征收，是经济发展到一定阶段的产物，是必定会出现的现象。在一定时期内，它能够推动和规范茶叶经济发展。

唐德宗之后，茶税进一步完善和发展，并被后来的朝代一直沿用。

# 中唐能臣陆贽

陆贽，字敬舆，苏州嘉兴人，唐代著名政治家。陆贽为官建树颇丰，有人把他与魏征、房玄龄这样唐朝杰出的政治家相提并论。宋代大文豪苏东坡极为欣赏陆贽，称赞他是个了不起的人。

陆贽一向主张宽政爱民，他把老百姓的利益放在治理国家的第一位。他多次强调："人者，邦之本也；财者，人之心也。其心伤则本伤，其本伤则枝干颠瘁而根柢蹶拔矣……立国不先养人，固国不立；养人不先足食，人固不养。"

陆贽在担任县尉时，就针对实际情况，向上级部门提出了整顿吏治、轻徭薄税、体察民情等一系列爱民的建议。可是他的上级官员没有一点爱民的思想，就把他的建议封存了起来。随着陆贽的官职越来越高，他就越来越有能力来实现早年爱民的抱负。

唐德宗李适是个贪财的人，从民间搜刮来的金银财宝已经堆满了国库，他的这个宝库是只进不出，李适从来舍不得从国库拨款来保障军需。陆贽对李适的做法心怀不满，就向李适谏言说："现在战乱连连，前方的将士们浴血沙场却没有任何奖励，希望陛下能体谅他们的难处，从国库拨款支援他们。"可李适根本不听陆贽的话。不仅如此，李适还变本加厉地要求一些藩镇每月甚至每天都要进贡。

陆贽又继续谏言："陛下，现在进贡的贡品不是天上掉下来的，而是从各地获取的，归根结底都是来自于老百姓的手中。"陆贽还引用了李世民的话来提醒李适，可皇帝却把陆贽的良言当成耳边风。当时有一个叫卢杞的大奸臣，其祖父卢怀慎是唐玄宗时的宰相，是著名的清官，可这个卢杞却是一个嫉贤妒能、贪赃枉法之人。很多正直的大臣都被卢杞用阴谋害死。卢杞还与一些酷吏勾结起来对老百姓的财产进行巧取豪夺，很多穷人因此家破人亡。陆贽面对卢杞的恶势力，不顾个人安危，多次揭发卢杞的罪行，有时候陆贽还会在朝廷里当着皇帝和文武百官的面与卢杞进行针锋相对的斗争，这样最终有力地打压了以卢杞为首的恶势力。

陆贽认为，老百姓的日子过得是否幸福，和官员是否发自内心地体恤百姓有很大的关系。他认为只要把老百姓的切身利益放在首要位置，就会出现安居乐业的和谐社会。在陆贽主持科举考试时，打破以往按考生门第高低来划分等级的做法，对所有考生采取一视同仁的态度。陆贽这种公平的方法，使一大批具有真才实学的平民子弟脱颖而出。

在那个时候，政府考察一个官员能不能干，税收是一个重要的条件。因此很多官吏为了彰显政绩，就绞尽脑汁编出种种理由来增加辖区的赋税。面对越来越高的赋税，很多穷人家濒临危机，就是稍微富裕些的老百姓也对高额赋税叫苦连天。陆贽见此光景，就取消了靠税收考核官员政绩的规定，同时他还加了一些内容，例如通过预防自然灾害的义仓的数量来考量一个官员的业绩。

唐朝中期，均田制遭到了巨大破坏，土地兼并现象司空见惯，社会阶级矛盾加剧。为了解决这个问题，陆贽向皇帝上奏了"均节赋税恤百姓六条"。

在这些措施中，其中有一项是关于粮食储备问题的。当时驻守边关要塞的军队经常打败仗，其中一个重要的原因是边关粮食紧缺，许多唐军无粮可吃，根本无力战斗。不仅边关的军队缺粮，就连京都长安也常常面临粮食缺乏的问题。

往年京都和边关的粮食都从江淮地区通过漕运运过来。其中运到军中的粮食有 110 万石，每一斗都需要 200 文的运费，粗略计算一下就能得知运一次粮食会耗费大量的财力。针对这种情况，陆贽认为，边关征调军粮不考虑粮食是否丰收，不懂得灵活变通，只是根据既成的惯例从江淮地区运粮食，这是非常不划算的。于是他向皇帝进言，建议用市场手段根除军粮供应和京都的粮食供应问题。

经济眼光独特的陆贽发现，近两年来江淮地区水灾严重，粮食减产，但是货币多；边关地区和京都粮食增产，但是货币缺乏。他向皇帝建议："今年只往边关运送 30 万石粮食，剩下的 80 万石以低价卖给当地粮食匮乏的民众。这样一来，朝廷就会获得 600 多万文钱，再加上省下来的将近 700 万文钱的运输费，共计 1000 多万文钱。接着，从这些钱中拿出 200 万文来收购长安地区的粮食。把收购的粮食存在当地的粮仓，再加上之前从江淮地区运进来的粮食，长安地区就会有几十万石粮食能够支配了。剩下的钱可以用来收购边关的粮食，能兑换 130 多万石。国家也可以把这些粮食就地储备起来，这些粮食可以供十几万军队食用。而边关居民卖了粮食，就可以得到货币，不会为生活发愁。如果还有余钱的话，可以第二年用来买粮食。"

陆贽还考虑到，江淮地区距离西部边关很遥远，有时会错过收购粮食的好时机。对此，他提出："京都长安距离边关很近，可以先从户部拨出一部分钱买边关的粮食，之后江淮那边可以直接把钱还给户部。"

泾原兵变爆发后，唐德宗问陆贽："现在这样的形势下，最急需做的是什么？"陆贽回答他说："现在最需要做的是体察民情，顺应民心。所谓得人心者得天下，尤其在这样混乱的年代，谁顺应人心人们就愿意拥护他。陛下发布诏令时应该多体谅民情，团结民心，这样一来，谁还会造反呢？"

除了体察民心外，陆贽还希望唐德宗多听听大臣的心声，推诚纳谏。但唐德宗并没有采纳他的意见，还反驳他说："我的本性也是真诚的，我也能纳谏，我甚至从来没有怀疑过任何一个大臣。但今天我落到了这步田地，完全就是因为我太信得过他们，结果没想到会是今天这样的下场。现在的谏官论事，大多是随口胡说，哗众取宠，没有什么有成效的建议。如果哪个大臣真是有才能的人，我怎么会不重用呢？但是这样的人我并没见到，现在对这类的事我已经厌倦了。"

陆贽听了皇帝的话，再次上书指出："人都有犯错的时候，智者知错能改，所以不会积累过错。即使谏官们说的不对，对君主也没有什么损害。君主若是不采纳臣子的谏言，臣子们就会到别的地方去说，这样就损害了君主的名声。作为臣子的都想做忠臣，没有谁想做反贼的，只要朝廷内部沟通得好，就不会再出现这些叛乱的事了。"

陆贽分析得很透彻，动之以情，晓之以理，为唐德宗指出了重建和谐政府的道路，最终说服了唐德宗。唐德宗写了罪己诏书，昭告天下，他的举动感动了臣子和老百姓，为扫平叛乱赢得了人心。

陆贽晚年因政治迫害被贬到四川时，还把百姓的利益放在心头。当地的瘴气很重，很多百姓都得了瘴气病，这一直是百姓头疼的问题。他了解状况后，就在工作之余收集各种治瘴气病的偏方，为当地百姓做出了自己最后的贡献。

# 李元素辨冤

　　李元素为人刚正，秉公执法，为了替人申冤不惜触犯龙颜。他的这种态度让人肃然起敬。

　　唐德宗在位时，有一个叫杜亚的人，是东都洛阳的留守。杜亚与大将令狐运很合不来，为了发泄怨恨，杜亚一直在找机会想要整治令狐运。碰巧的是，有一批向朝廷进贡的绢要从洛阳运送到长安，然而就在洛水以北的地方，押运的队伍碰到了强盗。那伙强盗将那一车绢都抢了。当时令狐运正好在附近打猎，于是杜亚心生一计，便想用供绢被抢这件事情来诬陷令狐运。后来杜亚逮捕了令狐运等四十多个人，并且对他们进行了审讯。在审讯官员的严刑逼供下，令狐运等人承认自己犯了罪。之后，杜亚将这件事情连同他们的口供向皇帝上奏，说："令狐运抢夺了进贡的绢，现在已经被我关押，等候皇帝您发落。"唐德宗听信了杜亚的话，认为他办得很好。但是当时的宰相不相信会发生这样的事情，因为他相信令狐运的为人，于是奏请皇帝重新审查这个案子。皇帝采纳了他的建议，派监察御史杨宁前去复审。杨宁经过调查后发现令狐运所有的罪名都是子虚乌有。杨宁向皇帝汇报了真实情况。杜亚为了掩饰自己的行为，向皇帝上奏说："杨宁对陛下说谎，令狐运等人确实犯罪了。陛下千万不能相信杨宁的话。"皇帝又一次听信了杜亚的话，接着就给杨宁定了罪。此时杜亚继续罗织罪名，使得许多人因此被关进了监狱。

宰相还是对这个案子持怀疑的态度，再次求皇帝明察。这一次，皇帝派李元素前往东都洛阳去核查案件。李元素到达洛阳城外时，发现杜亚正在等他。杜亚对李元素说："这件案子已经判了，没有什么问题。您就在这好好住几天，之后就回京复命吧！"其言外之意就是你李元素不要再查了。然而，正直不阿的李元素却不听杜亚的劝告。经过五天的审查，李元素最终找到证据，认定令狐运确实是没有犯罪，于是下令将令狐运一干人等全部释放出狱。

杜亚知道这件事情后很是愤怒，不但指责了李元素，而且向皇帝上奏说："李元素和强盗们勾结在了一起，他们是一伙的。"李元素回到京城时，皇帝正在大发雷霆。没等李元素把整个案件的经过完全上奏，皇帝就有点不耐烦了。他打断李元素说："你给我退下吧！"李元素回答说："这个案子还没有说完呢？"皇帝说："我不想听你说，你回去吧。"但李元素仍坚持说："陛下让我当御史去核查这个案子，如今我找到了证据证实令狐运他们一干人等是冤枉的。如果陛下不让我将这个案子解释清楚，那么我就辜负了陛下的期望，也就没有颜面在陛下面前出现了。"

皇帝听到李元素的这一番话，心里的怒气渐渐平息了。接着李元素向唐德宗详细汇报了令狐运等人被冤枉，杜亚虚报案情的真实情况。唐德宗听完之后，猛然醒悟过来，对李元素说："正是因为有你，这个案子才得以水落石出啊！杜亚将我误导了。"过了几个月，李元素将那些真正抢劫财物的强盗绳之以法。此事过后他获得了天下人的敬重，其名声在民间广为流传。皇帝为了表彰他，擢升他为给事中，后来又任命他为尚书右丞。

在这个案件中，杜亚只是凭着私怨诬陷令狐运，之后又严刑逼供，使得令狐运屈打成招，造成了一个冤案。李元素没有单凭杜亚的一面之词而草草结案，这体现出了他执法的勇气和正气。

# 昙花一现的永贞革新

　　安史之乱之后，唐朝政务混乱，首先是对地方失控，藩镇割据；其次是宦官干政，掌握了兵权，权力极大；再次，贪官污吏剧增，人民愈发不满。总之，国家和社会都迫切需要来一场彻底的改革。

　　改革就意味着需要面对阻力，当时没有人敢去改革。当时的朝臣大官生怕丢了官职，也有的趁火打劫，发国难财，甚至暗中与藩镇和宦官勾结，根本就不想去改革。与他们不同的是，一些官位很低的官员反而无所顾忌，他们身上具备冒险家的精神，并且想施展自己的政治抱负，愿意进行改革。

　　永贞元年（803年）正月，唐德宗驾崩，唐顺宗即位，他认为改革的时机已经成熟，决定立刻革新。唐顺宗重用了王叔文、王伾、柳宗元、刘禹锡等人，并任命王叔文为翰林学士，主掌朝廷大政的决策。王叔文率领革新派推行了一系列改革措施，史称"永贞革新"。

　　永贞革新的第一步是制止宦官掠夺。唐德宗以来，宦官经常打着为皇宫采办物品的名义，在大街集市上明抢明夺，拿东西不给钱。白居易的名篇《卖炭翁》讲的就是这类事情。永贞年间，这种行为被制止，百姓欢欣鼓舞。

　　永贞革新的第二步是禁止进奉。唐德宗时期，节度使为了讨皇帝的欢心，往往会进奉一些钱物。再后来，刺史和其他官员为了免得遭受冷落，也向皇帝进奉。官员为了进奉，不惜搜刮民财，百姓苦不堪言。永贞革新之后，明确下令除了一般进贡之外，不允许别的进奉，更不允许借此压榨百姓。

永贞革新的第三步是罢免贪官污吏。在此之前，唐朝的官员监督机制已经形同虚设，很多贪官污吏趁机为非作歹。浙西观察使李锜就是当时最大的贪官之一。李锜当时除了浙西观察使之外，还兼任转运盐铁使一职，因为盐铁是古代王朝经济的支柱产业，利润非常丰厚，李锜借职务之便，赚得盆满钵满。永贞革新开始之后，王叔文罢去了李锜的转运盐铁使之职。贞元年间，关中大旱，京兆尹李实却虚报粮食丰收，强迫农民照常纳税，百姓对其恨之入骨。王叔文上台之后，罢免了李实京兆尹一职，贬到通州去做长史，百姓们敲锣打鼓庆祝。

永贞革新的第四步是削弱宦官势力。宫中宦官人数被削减，一些宫女和乐坊里的女乐被释放出宫。其中最关键的是从宦官手中夺回军权，这也是整个改革的重中之重。革新派任用老将范希朝为京西神策诸军节度使，韩泰为神策行营行军司马。但是改革的事情早就让宦官们有所防备，他们阻止军队将军权交给范、韩二人，没有得到军权成为永贞革新失败的关键所在。

剑南西川节度使韦皋妄想统领剑南三川地区，便派刘辟到京都对王叔文进行威胁利诱，结果遭到王叔文的拒绝。不仅如此，王叔文还劝谏唐顺宗发布诏书，勒令节度使们不得扩大地盘，不得私自招兵买马，想要借此控制住藩镇的势力。后来尽管镇压住了几次藩镇叛乱，但地方藩镇的势力越来越强，完全失控。

从这一系列改革措施来看，革新派对当时国家的弊端认识得非常清楚，一些措施也见到了成效，但是在关键问题上，阻力实在过于强大，一是宦官的兵权没能夺过来，二是地方藩镇的势力没有能力削弱，再加上当时唐顺宗突然中风，难以掌控大局，推行改革的主力又是一帮文人，就这样，最终永贞革新失败。

# 柳宗元造福柳州

　　柳宗元是中唐时期著名的政治家、思想家和文学家。他与韩愈一起倡导了唐朝文坛上的古文运动，与韩愈及后世的苏轼等人被后世称为"唐宋八大家"。他由于参加唐中期的"永贞革新"而被贬为永州（今属湖南）司马，后来又被贬到更加偏远的柳州（今属广西）做刺史。他为官清廉，善待百姓，得到了百姓的爱戴。甚至在他死后，柳州人民在罗池立庙，奉他为罗池之神，世世供奉，直到今日，可见人民对他的感情之深。

　　柳州在岭南，唐代时被视为极其偏远之地，那里经济十分落后，百姓生活困苦。虽然此时的柳宗元由于长时间被贬斥，已经对被皇帝委以重任失去了幻想，但他并没有失去爱民之心。他决心尽自己所能，在柳州为当地的百姓做出贡献，为一方百姓造福。

　　柳宗元到柳州后把废弃多年的府学重新恢复，并设立了许多新学堂。柳州当时多为少数民族地区，加上交通不便，当地文化水平十分落后，存在大量的不良风俗。通过让当地的百姓学习文化知识，尤其是鼓励少年学习文化，从根本上提高了这一地区百姓的素质。他不仅大量创办学堂，而且他自己不为当时士人"耻于相师"的风气所动，经常亲自教导读书的年轻人。

为了破除当地的迷信落后情况，他下令禁止江湖的巫医神汉打着救人的名义敛财。为了彻底消灭类似的迷信行为，他认为必须提高当地的医疗技术，让百姓认识到医学比迷信更加有效。于是他亲自栽种中草药，研究草药的药性，并大力宣传推广已经被证实有效的医术，甚至自己还写下《种仙灵毗》，来宣传淫羊藿对脚病的良好效果。为了增强百姓的体质，他还向百姓传授了华佗的"五禽戏"等体操。在他的宣传鼓励下，当地出现了一批自己的医生，百姓看病的问题得到了解决。在他的治理下，这一地区百姓的病死人数大为减少。

在柳宗元到任前，当地有一种迷信，认为打井会破坏"龙脉"，有伤风水，因此不敢破土打井，百姓都是饮用江水。但如果气候干旱，江水就会变少，百姓取水十分困难，常常会摔碎取水的瓦罐。而一旦降雨较多，江水迅疾，道路泥泞，取水就会十分危险。而且由于江水中存在死亡生物的原因，百姓很容易传染疾病。柳宗元经过半年的实地考察，决定解决这个问题。他组织人力，在城北挖了一口深水井，很多居民因此而受益。于是百姓们也开始挖掘水井。干净卫生的地下水逐渐被更多的人所接受。当地至今还流传着关于柳宗元打井的"三川九漏"的故事。

柳宗元还采取措施，使许多沦为奴婢的人恢复了自由。在柳宗元赴任之后，他发现了当地有一种恶习——当地经常用人作为抵押来借钱，一旦到达约定的时间仍没有钱来赎回，那么作为抵押的人就变成了奴隶，而且一旦变成奴隶，那么终身都不能改变身份。柳宗元针对这种情况，发布政令，规定必须按照年份来计算那些沦为奴婢之人的工钱，一旦工钱达到了原来的债款，那么沦为奴婢的人就可以恢复自由。这一措施让许多穷苦百姓重获自由，"比一岁，免而归者且千人"，同时由于没有激烈的强制措施，也没有引起当地富户的强力反对。柳宗元的这项措施受到了上级的认可，被推广到了广西的其他地区，更多的百姓因此受益。

　　由于风俗差异，以前的汉族官吏对少数民族采取歧视态度，汉族和少数民族之间民族隔阂很大，双方经常产生矛盾。柳宗元为了化解这种矛盾，亲自深入少数民族群众中间，了解他们的风俗习惯。

　　柳宗元对当地做出的最大贡献，则是带领当地的百姓大力发展生产，使百姓摆脱了贫困的生活。当时广西地区地广人稀，存在大量的荒地。柳宗元组织当地百姓，开垦了大量的荒地，大力发展农业。据记载，仅大云寺一处开垦的荒地就可以种竹三万竿，种菜百畦，良田若干亩。整个柳州的耕地面积也因此增加了许多。他还带领百姓广植树木，既美化了环境也为修建房屋提供了木材。虽然他晚年身体状况不佳，但他也经常亲自参加劳动，种植柳树、柑橘等树木，对此曾写下"手种黄柑二百株，春来新叶遍城隅"的诗句。

　　由于过度劳累，加上水土不服，柳宗元在柳州任上的第四年，仅47岁就病逝了。经过他的辛勤努力，柳州的农林牧业都得到了很大的发展，百姓的物质和精神生活水平都得到了巨大的提升。韩愈在《柳州罗池庙碑》中称赞柳宗元的政绩说："凡令之期，民劝趋之，无或后先，必以其时。于是民业有经，公无负租，流逋四归，乐生兴事，宅有新屋，步有新船，池园洁修，猪牛鸭鸡，肥大蕃息。子严父诏，妇顺夫指，嫁娶葬送，各有条法，出相弟长，入相慈孝。"虽然柳宗元一生没有真正成为一个受到朝廷重用的高官，但他凭借自己为一方百姓鞠躬尽瘁的精神和实实在在的贡献而名垂青史。

# 白居易除贪倡廉

从前，有两个人，赵乡绅和李财主，为了争夺一块地，跑到县衙打起了官司。为了能把官司打赢，赵乡绅叫人买了一条大鲤鱼，在鱼肚中塞满银子送到了县衙。李财主则命长工从田里挑了个大西瓜，掏出瓜瓤，也塞满银子送了过去。收到两份"重礼"后，县官吩咐手下贴出告示，第二天公开审案。

到了第二天，县衙门外挤满了看热闹的百姓。县官升堂后问道："你们两人，哪个先讲？"赵乡绅抢着说："大人，我的理（鲤）长，我先讲。"李财主也不甘示弱："我的理（瓜）大，该我先讲。"县官沉下脸说："什么理长理大？成何体统！"赵乡绅以为县官忘了自己送的礼，连忙说："大人息怒，小人是个愚（鱼）民啊！"县官微微一笑说："本官耳聪目明，用不着你们旁敲侧击，更不喜欢有人暗通关节。来人，把贿赂之物取来示众。"

衙役取来鲤鱼和西瓜，当众抖出银子。外边的百姓霎时一片哗然。县官大声厉喝道："大胆刁民，胆敢公然贿赂本官，按大唐律各打四十大板！"百姓无不拍手称快。县官下令将行贿的银子充公，作为救济百姓之用。

这位县官就是鼎鼎大名的唐朝诗人白居易。这个案子是他考中进士后，被派往关中盩厔（今改周至）当县令时审的。在他以后的为官生涯中，他也一直保持这种清廉的作风。

白居易出生在官宦之家，高祖、曾祖、祖父、父亲全都做官。他出生之后不久，河南就发生了战乱。他的父亲白季庚只得将儿子送到南方避乱。之后，小小年纪的白居易就一直在南北奔走，备尝艰辛。正是因为幼年的这段经历，白居易对于当时的社会现状及人民的疾苦有了较多的接触和了解。所以为官之后，白居易以清廉立身，以期可以救百姓于水火。

唐宪宗元和三年（808 年），白居易官拜左拾遗。他做了左拾遗一段时间后，说自己"受命以旬月，饱食随班次"，对这种毫无建树的生活觉得非常不安。左拾遗是言官，虽然职位不高，但有向朝廷进言的权利。做这个职位要是懂得见风使舵，想要飞黄腾达是非常容易的。但白居易生性刚直，既不肯收受贿赂帮别人遮掩，也不肯贿赂别人让他们为自己说情。他"有阙必规，有违必谏，朝廷得失无不察，天下利病无不言"。白居易生活在晚唐时期，他认为中唐以来，国家之所以大不如前，是因为国君的昏庸，所以现在的首要任务就是"整顿吏治，去贪倡廉"。他直言当时社会的很多不正常的现象，"秘书校正，或以门第授；畿赤薄尉，惟以资序求。未商校其器能，不研核其才行。致使倾年以来，台官空，不知所取；省郎缺，不知所求。"他认为要想解决这些问题，就应该举贤进能，量才授职。他说："求贤有术，辨贤有方；方术者，各审其类，使之推荐而已。"同时他认为要采取"厚其俸，均其禄"的政策，才能保证官吏的清廉，减少官吏对老百姓的盘剥。

白居易擅写讽喻诗，十首《秦中吟》，五十首《新乐府》，都真实地反映了百姓困苦的生活，讽刺了豪门贵族的穷奢极欲，盼望朝廷能够除暴灭贪。这些诗让权贵很记恨，白居易因此遭到朝中权贵的打压排挤，一度贫困交加，仕途暗淡。

元和六年（811年）白居易母亲病逝，白居易按当时的规矩，回故乡守孝。三年之后他回到长安，宪宗安排他做了左赞善大夫。元和十年六月，白居易44岁，宰相武元衡和御史中丞裴度遭人暗杀，武元衡当场身亡，裴度受了重伤。发生了这么大的事，但朝中竟然毫无动静，一点都不着急处理。白居易十分气愤，上书力主严惩凶手，以肃法纪。可是那些掌权者却说他抢在谏官之前议论朝政，实乃僭越，于是白居易被贬谪为江州刺史，接着又被贬为江州司马。实际上白居易之所以获罪，最主要的原因就是因为他不但不肯和那些权贵同流合污，还总是写些讽喻诗，让那些人浑身不舒服。

这次接连被贬让白居易很受打击，但他仍然不忘要清廉做官，他"视民之不安，如疾病在乃身"，还写了很多诗文，如《卖炭翁》等。在杭州担任刺史期间，白居易"清廉为政，以民为贵"，他有一首《三年为刺史》，是他离任前夕所作。"三年为刺史，饮冰复食檗。唯向天竺山，取得两片石。此抵有千金，无乃伤清白。"意思是说，我在杭州做了三年的刺史，一直清廉自持。只是在天竺山拿了两块石头，就算现在拿千金来偿还，我的清白仍是有所损伤。原来白居易一生爱石，以收藏奇石为乐。他上任杭州刺史后，在考察杭州时去了趟天竺山。当时见到天竺山造型奇特的石头漫山遍野，白居易非常喜欢，就拣了两块带了回去。在离任杭州之时，白居易想如果每人都这样做，都拿几块石头回家，那天竺山的石头，不就要被拿得一块不剩了吗？他不觉得捡一块石头是件小事，他认为自己身为杭州的父母官，理应以身作则，不取当地的任何东西。但石头已经被自己拿回来了，就算再放回去，也是大错已铸成，就算用千金来抵，也无济于事了。因此他懊悔不已，写下了这首忏悔诗。由此可见白居易对自己要求之严，更能看出白居易的两袖清风。

白居易离开杭州后，决定回洛阳定居，但他当了二十多年的官，却连房子都买不起。最后卖了两匹马，才勉强解决住房问题。白居易为官之清廉，由此可见一斑。

# 令狐楚巧抑米价

　　唐敬宗时期，兖州一带发生了旱灾，当地庄稼颗粒无收，百姓忍饥挨饿。一些商人早已趁机存储了大量的米，一直不出售，因而一时间兖州的米价涨个不停，普通百姓根本就买不起。新上任的兖州太守令狐楚在路上就听说了兖州米价居高不下的事情，他想到米价过高会对百姓不利，便下定决心整治一下不法商人，平抑米价。

　　令狐楚先是派出手下去民间走访调查，了解实际情况。原来兖州以往都是丰收年，产了不少米，可是这些米大多被某些巨贾掌握。他们在青黄不接之时抛售米，引发百姓哄抢。看到有利可赚，他们就一味地囤积粮食，使得米价越来越高。前任太守虽然贴出告示让商家降低米价，可是没有取得任何效果。兖州官仓中还有许多存粮，但那是用来保障军队供应的，所以不能轻易拿来赈济灾民。

　　掌握了这些情况之后，令狐楚想，怎样才能让那些商家主动出售米呢？经过一番思考，他意识到商家无非就是想趁机多赚钱，如果市场上有充足的米，那么商家自然就会降价出售。

　　正式上任那一天，兖州城内的大小官吏都来祝贺令狐楚。一番寒暄之后，令狐楚问他们："如今我们兖州城里的米价是多少呢？州里还有多少官仓？还有多少米？"

众官员不解其意，面面相觑，其中一人回答说："回禀大人，如今兖州有八个官仓，每个仓里有十万石米。"

听完汇报，令狐楚说："既然兖州官仓存有这么多米，我们不妨从中调出八十万石，以低价卖给灾民。这样一来，灾民们就能渡过难关了。从明天起，我要亲自督办这件事情。"说这些话的时候，令狐楚故意提高了音量，好让在场的每一个人都听到。说完之后，令狐楚让他们各自散去。

一些官员匆匆离开，找到了那些米商，将令狐楚的话原原本本地叙述了一遍。米商立即慌乱起来，说："一旦令狐太守开仓平抑米价，那么我们存储的米就卖不出去了，最终都会赔本。我们还是趁早出售吧。"由于怕遭受损失，那些米商立即决定按照进价出售米。没多久，兖州的米价就趋向平稳，百姓又都能吃上米了。

后来，米商们发现令狐楚根本就没打开官仓售米，才知道中了他的计。米商们心痛不已，老百姓却无不欢欣鼓舞。

# 崔戎爱民得民爱

崔戎，字可大，祖上世代为官，他自己参加科举考试也两次中榜，历任太子校书、殿中侍御史、谏议大夫、剑南东西两川宣慰使、华州刺史等职。他为官爱民如子，是当时有名的清官，他受到了百姓的厚爱。

他担任剑南东西两川宣慰使时，当地的少数民族发动起义。许多官吏对于少数民族多有歧视，认为他们是蛮寇，应当全力剿杀。但崔戎认为盲目的剿杀并不能减少民族矛盾，并非长久之计，所以他决定采取安抚的政策。他调查了少数民族人民起义的原因。然后上奏朝廷，请求减少当地的苛捐杂税，对正常的税赋也适当进行减免，同时请求可以用当地的特产缯布直接冲抵税款，避免交换过程中官吏和不法商人对少数民族的盘剥。与此同时，他召集流民返回故乡，大力发展当地的农业生产。他将各种政策重新制定或废弃。少数民族人民十分欢迎他的政策，于是起义很快就被平息，当地又恢复了平静。

唐文宗大中七年，崔戎担任华州刺史。他勤政爱民，其德行被当地民众所敬重，深得当地百姓的爱戴。

华州当时有一个官府的惯例，州府会筹集数万贯钱财供刺史个人使用。但崔戎到任后，从没有动用过这笔钱。在他卸任离职时，则将这笔钱赠送给了当地驻扎的部队，用于给将士们改善伙食。

　　曾经有一家的兄弟到官府告状，请崔戎评判他们的家产分配问题。没想到崔戎并没为任何一个人说话，反而不断责备自己，并落泪不止。周围的人都问他原因，崔戎回答："是我治理州县无能，才导致兄弟不和，对簿公堂啊。"听到这话，吵架的两个兄弟和他们的母亲都十分惭愧，纷纷向对方表示自己犯了很多错误，一家人重归于好。

　　由于崔戎在华州深受百姓爱戴，等到他奉命调往他地离开华州时，当地的百姓听到消息立即前来。百姓堵住道路，哭着请求崔戎留下继续任职，甚至为了不让他走，将他的鞋子脱掉，把马镫弄断。百姓还拦住宣布任命的使者，请求他向皇帝上奏，请求皇帝收回成命。看到百姓如此坚决，使者也大受感动，答应了百姓的请求。但崔戎却向百姓表示，皇命不可违，大家应当遵守皇上的旨意。几位白发老者说："如果真的因为挽留您而让皇上生气，皇上也不过会杀掉我们几个没有用的老头子。但只要能把您留在华州，我们几个老头也算死得其所了。"百姓仍然不准崔戎离开。崔戎知道皇命难违，可暂时又无法脱身，只好在半夜的时候，一个人悄悄地骑马离开。百姓得知后又去道路上追赶，直到实在追不上，才不得不放弃。

　　崔戎为官一直以百姓的利益为重，把自己的利益放在最后，因而得到了百姓的爱戴。他的许多故事在唐朝和后来甚至被编入了传奇小说之中，他的清官形象也因此而流传。

# 唐武宗灭佛

在中国古代，为逃避税收，有的家庭隐瞒家中人口，有的谎报家属年龄，有的干脆去边远的地方开垦种粮。南北朝时的北齐时代，因为法律规定未婚者缴纳的户口税减半，有的人为了逃税竟当起了"假和尚"。"民避赋役，多为僧尼。至二百余万人，寺有三万余区。"北周武帝不得已曾一次将300万僧民还俗变成国家编户。

唐代时，为了防止百姓隐匿户口逃税，唐政府沿用隋文帝的"大索貌阅"制度，施行"团貌"管理百姓户籍。"团貌"跟隋文帝的"貌阅"一样，都是把人丁的相貌特点编成户口手册，作为掌握劳动力和赋税的根据。唐代规定每年给户口核实相貌，编成手册，各州县户口情况每三年汇集于尚书省户部，作为户籍。从基层到高层，以手册、计账、户籍三者构成一整套周密完备的户口检查制度。但是，即使如此，偷税漏税现象仍然存在。唐代佛教盛行时，由于寺院享有免除赋役的特权，为逃避赋役而入庙做僧的人以及"逃丁避罪，并集法门"的人不下"数十万"。"十分天下之财，而佛有七八。"强大的寺院经济不仅侵蚀了唐朝政府的财政收入，且逐渐完善的寺院制度和法律系统也影响到了唐朝政权的稳固。会昌五年 (845 年 )，唐武宗下令大举灭佛。

唐武宗是个道教信徒，他本来就对佛教深恶痛绝。早在会昌二年（842年）时，唐武宗就开始逐渐限制寺院的发展，逐步没收寺院财产。会昌三年（843年），因为听闻有藩镇的奸细假扮僧人藏在京城长安，唐武宗于是下了"杀沙门令"，后来在长安城中被杀死的裹头僧多达300余人。会昌四年，因讨伐刘稹，平定泽路之叛，唐政府财政告急。会昌五年（845年）三月，唐武宗下令检查所有寺院僧尼、奴婢、财产的数目，为彻底灭佛做好准备。四月，唐武宗受道士赵归真的鼓动，在大臣李德裕的支持下，开始了大规模的灭佛运动。八月，他下令在全国限期拆毁多余的寺庙。

通过灭佛运动，唐政府拆除的寺庙总计4600余所，迫令还俗的僧尼共计26万多人。灭佛运动后，唐朝政府的收获颇丰：没收寺庙占有的良田"千万顷"，寺庙里的宝物也一概被没收。拆庙所缴获的金银佛像被收入国库，铁像用来冶炼成农器，而铜像及钟、磬则用来铸造成钱。从寺庙拆下来的材料被用来修缮政府的建筑。此外，所有被还俗的僧尼都被编入户，按规定缴纳当时的两税。为了对灭佛运动的成果进行巩固，唐武宗又勒令长安、洛阳这两个佛教重地各自只能留两座寺庙，且要求每个寺庙的僧人不得多于30人。之后，唐武宗又在全国范围内规定，"天下诸郡各留一寺，寺分三等，上寺二十人，中寺十人，下寺五人。"

灭佛运动给唐朝政府带来了一定的税收利益。唐廷不仅可以从废庙行动中收获大量的财产，而且通过回收土地分给农民耕作在一定程度上促进了农业经济的发展。但是，灭佛运动给当时的佛教以沉重的打击，佛教徒称之为"会昌法难"。灭佛运动后，佛教宗派严重没落，到处"僧房破落，佛像露坐"，"寺舍破落，不多净吃，圣迹陵迟，无人修治。"灭佛运动后的第二年，唐武宗就去世了，此后唐宣宗即位，佛教又得以复兴。

# 牛李党争

　　唐朝后期，朝廷内部高官之间争权现象严重，使得本来就风雨飘摇的唐朝加速走向灭亡，这其中最具代表性的例子要数"牛李党争"。

　　李宗闵和牛僧孺两人金榜题名时，身为宰相的李吉甫看了李宗闵和牛僧孺的文章，发现他们在试卷中批评朝政，暗讽自己。李吉甫心想，两个穷读书人竟然敢挑战自己的权威，于是他便在唐宪宗面前说这两个人的坏话，说他们是凭借与考官的私人关系才中榜的。当时唐宪宗非常信任李吉甫，便撤销了几名考官的职务，李宗闵和牛僧孺也没有得到提拔。自此，李宗闵、牛僧孺便和李吉甫结上了仇。

　　没过几年，李吉甫去世，之后唐穆宗继位，李吉甫的儿子李德裕被提拔为翰林学士。这年的进士科举考试中，中榜的多为一些高官的后人，其中便有李宗闵的女婿，此时的李宗闵担任中书舍人。这样的结果自然不能令人信服，有人举报说主考官接受贿赂，徇私舞弊。唐穆宗对此半信半疑，于是找来李德裕等人，问他们怎么看。李德裕等人都认为其中必有蹊跷。唐穆宗大怒，重新组织考试，结果原先中榜的人几乎全都落榜。结果出来之后，唐穆宗将涉案的官员全部惩处，其中李宗闵被贬到外地去为官，于是李宗闵对李德裕恨之入骨。

到了唐文宗太和年间，李德裕被宰相裴度举荐出任下一任宰相，而李宗闵也有当宰相的野心，便暗中去找宦官帮忙。当时宦官的权力很大，甚至连皇位继承人这样的大事都能干预。最终李宗闵得逞，他在宦官的帮助下顺利成为宰相。李德裕被派往西川担任节度使。李宗闵顾及当年的情谊，又把牛僧孺调到京城，担任兵部尚书、同平章事。

李德裕担任西川节度使时，恰逢南诏入侵，他带领士兵和百姓积极抵抗，最终将南诏士兵赶出了西川，因此他获得了极好的口碑。当时维州被吐蕃占据了四十多年，一直无法收回，李德裕在任的时候，维州守将悉怛向唐军投降，维州重新回归大唐。这件事传回宫中，皇帝很高兴，觉得李德裕立下了大功。牛僧孺非常嫉妒李德裕，上书要求把维州归还给吐蕃，并把投降的悉怛等人也都交还吐蕃处理。唐文宗当然不同意，牛僧孺再次搬出宦官，让他们逼迫唐文宗。最终，唐文宗只好下令将维州还给了吐蕃。对这件事李德裕愤怒不已，他与牛僧孺之间的仇恨更深了。

唐文宗自知有愧于李德裕，便任命他为兵部尚书。眼看着李德裕在朝中的威望越来越高，李宗闵担心自己会受到威胁，便一再在唐文宗面前说他的坏话。唐文宗很清楚李宗闵的为人，对他的告状置之不理。

唐文宗去世之后，唐武宗即位，此时掌权的宦官支持李德裕，并让他担任宰相。复仇的机会来了，李德裕上任的第一件事便是排挤李宗闵和牛僧孺。

唐武宗对李德裕十分信任，李德裕也没有辜负他，多次立功，其中包括带兵讨伐回鹘，平定潞州。

唐武宗去世之后，唐宣宗即位。唐宣宗一直认为李德裕独揽朝政，早就看他不顺眼，所以将他贬到外地任职，并重新重用李宗闵和牛僧孺。但到了这时候，这些人都已经十分年迈，没过几年便都相继去世了，纠缠了四十多年的恩怨也就终结了。

# 韦澳杖豪贵

韦澳是唐宣宗时期的官员，他为官向来正直无私，不畏权贵。

唐宣宗曾连续任命了几个京兆尹，但是他们治理京兆都没有取得很好的成效。后来唐宣宗听说韦澳很有才能，就提拔他当了京兆尹，让他治理京兆地区。

韦澳一到京兆上任，就开始着手处理当地的政务。他当政期间，由于执法严明，因而当地一些豪强和皇亲国戚的行为都有所收敛，都不敢像平时那样胡作非为。但是当地还是有些人凭借着自己有强硬的靠山，做出违法乱纪的事情。

郑光是宣宗的舅舅，在京城之中无人敢惹他。他肆意压榨百姓，并且还长期不向朝廷交税。在唐宣宗大中六年，皇帝曾经下了一道指令，简单说来就是郑光的庄园不用交税。可是这个指令引起了中书门下省官员的不满，他们不同意皇帝的这道指令，并且都一致认为这种做法会使得国家的税赋法令遭到破坏。唐宣宗没办法，只好又下了一道指令，要求郑光的庄园照样依法交税。

一天，韦澳派人找到郑光的庄吏，勒令他马上交清税款，否则以法论处。可谁知这个庄吏仗着郑光的权势，硬是不服从命令。韦澳没有一点儿犹豫，直接命令手下将这个庄吏抓起来，关进了京兆府的大牢。郑光知道了庄吏被抓的消息后，赶紧到宫里面见唐宣宗，希望皇帝能饶恕庄吏。

唐宣宗把韦澳叫到延英殿，严厉地质问他："你为什么将朕舅父的庄吏抓了起来？"韦澳不卑不亢地先是指出了郑光庄吏的不法行为，接着又如实地向皇帝说明了将他逮捕的原因。唐宣宗听完之后，脸色稍微有点缓和，说："接下来，你会给予他什么样的处置呢？"韦澳回答说："臣会按照国家律法处置他。"唐宣宗又说："朕舅父郑光十分宠爱这个庄吏，如今你要依法承办他，这让我有点儿为难啊。你说该怎么办才好呢？"韦澳说："陛下让臣从翰林院调到京兆上任，就是希望臣能将这个地方治理好，将这个地方的积弊都处理干净了。这些年来，郑光的庄园一直不交税，这是触犯法律的行为。现在不按照法律给他应有的惩处，那么老百姓就会认为法律只是针对他们的。要是这样的话，陛下以后让臣办什么事情，臣也就不敢做了。所以，这次绝对不能放过这个庄吏。"唐宣宗又说："的确，你说的都在公在理更在于法，但是我也不能不给舅父一个面子。你看这样行不行，不要判处他死刑了，就判他杖刑，给他一点儿教训就可以了。"

谁知韦澳不同意皇帝的话，他毅然地回答道："陛下的这个命令，恕臣不能执行。臣只是希望陛下能给一道旨意，让那个违法的庄吏继续在大牢里待着。当郑府把拖欠国家的税租都补上了，那个时候我再释放他也不算晚。"唐宣宗感慨良久，之后说："我不应该只是顾及舅父的脸面而不让你依法办事。你怎么处置他，就照你说的办吧。"

韦澳回到了京兆府，命令人将那个违法的庄吏用廷杖打了一顿。后来等到郑光将拖欠的税款都交齐了，韦澳才结案放人。

韦澳执法杖打豪贵这件事情，在当地引起了很大轰动。京兆地区的豪强和大族甚至皇亲国戚都变得小心翼翼，再也不敢任意地违犯国家法令了。

# 陆龟蒙与《耒耜经》

在中国历史上,有一本专门论述农具的古农书经典著作——《耒耜经》,其作者是唐代著名的农学家陆龟蒙。

陆龟蒙出生在官僚世家,他受到父亲的影响,从小熟读儒家典籍,热衷功名。他想要通过科举这条途径实现自己的宏伟志向,可是考了很多回,均以落榜告终。遭受了接二连三的打击之后,陆龟蒙决定放弃科考,转而跟随湖州刺史张博四处游历。之后,陆龟蒙回到了家乡甫里,开始了隐居生活。

陆龟蒙有许多房产,数百亩田地,十来头牛,二十多个帮工,按理说生活应该很富足。然而,甫里地势低洼,经常发生洪涝灾害,所以陆龟蒙田地的收成并不总有保证。有时灾情严重的话,陆龟蒙也难免忍受饥饿之苦。为了减少洪涝对庄稼的损害,陆龟蒙往往自己亲自上阵,召集帮工一起抗灾。有的时候,他还亲自到田地劳作,耕种、除草等。有了闲暇时间,他就会带着钓具、书籍、茶壶去江湖边钓鱼。陆龟蒙在参加劳作的同时,还写下了许多和农业活动、农家生活有关的诗歌,如《放牛歌》《蚕赋》《获稻歌》《刈麦歌》。

安史之乱后,随着中国的经济中心由北向南转移,南方的农业开始快速发展。南方农业一改之前的"火耕水耨"这一粗糙的耕作方式，逐步实现精耕细作。陆龟蒙总结了南方农业的耕作技术体系，并且针对这个体系提出了"深耕疾耰"的原则。在对农业有了深刻认识的基础上，陆龟蒙编著了一本关于农具的书——《耒耜经》，这是最早的论述农具的专著。

《耒耜经》篇幅不长，只有六百来字，一共记载了江东曲辕犁、爬、碍礋和碌碡四种农具，其中江东曲辕犁的论述尤为详细。不仅如此，陆龟蒙在书中还详细记载了曲辕犁各个零部件的大小、尺寸和形状，方便人们模仿制造。

在农业器具方面，陆龟蒙做出了很大的贡献，同时他在动物饲养和植物保护方面的贡献也不能忽视。陆龟蒙发现稻田经常会被野鸭和海鸥践踏，为此他提出了两种防治办法，即网捕和药杀。针对田鼠对水稻也会带来危害的情形，他也提出了两种防治办法，即驱赶和生物防治。他还极力倡导人们保护渔业资源，坚决反对用药物捕杀鱼类的行为。此外，他认真研究了橘蠹的形态、习性及自然天敌，并且写成了文章，为古代柑橘害虫生物防治提供了理论指导。

陆龟蒙终身与农业为伴，对农具进行了认真细致的总结，记载了中国古代农具发展史，他不愧是中国历史上伟大的农学家。

# 刘崇龟换刀

晚唐名臣刘崇龟精明干练、善于破案。刘崇龟换刀的故事，在民间广为流传。

一个大富豪的儿子乘船靠岸之时，发现岸上的一户人家有个十分美丽的女子。当时女子被他看到之后，没有立即回避。看到这种情况，大富豪的儿子用一种戏谑的语气说："今天晚上我去找你。"那个女子听了，一点儿也不觉得害羞。到了半夜时分，那个女子没有将门锁上，以方便那个富豪的儿子进来。当时有一个盗贼来到女子的家里偷东西，他在屋外弄出了声响。那个女子听到声响，以为是富豪之子来找她，于是就跑出去迎接。那个盗贼看到女子，以为要来抓他，就用刀杀死了那个女子。杀了人之后，盗贼赶紧逃跑了。巧的是，没多久富豪的儿子来了。由于看不清路，他不小心滑倒了，等站起来一看，他发现自己身上都是血；他仔细一瞧，原来是那个女子被杀害了。他心里十分害怕，于是就赶紧上船离开了。女子的家人沿着血迹一直追，看到了那个富豪的儿子，于是就把他告到了官府。官府立即出动人马，将富豪的儿子缉捕归案。抓到富豪的儿子以后，官府下令对他严加拷打。无奈之下，富豪的儿子就将事情的经过都说了一遍，但是对于杀人他是一口否认。

刘崇龟觉得事有蹊跷，于是就先将富豪的儿子关进了大牢，自己则寻找证据去了。他发现凶手的作案工具是一把屠宰用的刀。经过略微思索，刘崇龟下了一道命令："后天我要大摆筵席，周围的屠夫们都要来，我会给他们安排屠宰的任务。"第二天，所有的屠夫们都来了，然而刘崇龟只是对他们进行了一番嘱咐，之后让他们将自己的屠刀都留下来，让他们明天再来。等到那些屠夫都走了之后，刘崇龟将其中的一把屠刀拿了出来，取而代之的是那把杀人的刀。第二天，屠夫们纷纷认领了自己的刀，结果只剩下一把刀没人认领。那个没拿刀的人对刘崇龟说："我的刀不在这里边。"刘崇龟说："那么这把刀是谁的呢？"那个人说："这是某某的刀。"

刘崇龟听了之后，立即派人去逮捕真凶。但是等衙役赶到的时候，真凶早已逃跑了。刘崇龟不慌不忙，找来一个死囚犯当作富豪的儿子，并对外散布消息，说要在天黑之前处决富豪的儿子。真凶听到了这个消息，认为自己可以逃过一劫，于是就返回家里。可谁知他刚一到家，衙役就一拥而上将他逮捕了。之后，他在公堂之上坦白了自己的罪行。刘崇龟依法将他处死；同时以半夜私闯民宅为由，判处富豪的儿子杖刑。

# 以民为本的钱镠

唐朝末年，藩镇割据，战乱频繁，百姓饱受战乱之苦，社会生产遭到严重的破坏。后来，朱温废掉唐朝皇帝，建立后梁政权，五代十国时期开始。吴越王钱镠实行"以民为本"的政策，轻赋薄敛，保境安民，繁荣经济，积极恢复生产，避免参与战争。当地人民安居乐业，生活富足，众多饱受战乱之苦的中原百姓纷纷投奔到此，江浙地区的经济、文化取得了较大的发展。江浙地区至今仍流传着"钱王射潮"的动人传说，这足以表明人们对吴越王钱镠的敬爱。

钱镠出身低微，是一位普通农民的儿子。他自幼不喜诗文，而喜好耍枪弄棒，16岁的时候就放弃学业，开始从事当时利润很高但风险极大的贩卖私盐的生意。唐僖宗乾符二年，浙西镇遏使王郢起兵反抗朝廷，临安石镜镇董昌招募乡勇进行讨伐，钱镠前往投奔，由于他武艺高强，被任命为偏将，跟随董昌进行征讨。后来钱镠被任命为镇海节度使，后又吞并董昌地盘，担任镇海、镇东两军节度使，不久便封为越王，后改吴王。朱温灭唐后，封他为吴越王。

吴越国地域不大，但仍辖有杭、越、湖、苏、秀、婺、睦、衢、台、温、处、明、福十三州，包括了今浙江全境、江苏西南部和福建东北部。钱镠自知实力不济，所以并无称帝之意，一直宣誓效忠中原王朝，从而使自己的领土免于战争之祸。

钱镠治国十分注意节俭。当他成为节度使时，曾十分奢侈。他所住的房屋修建得十分豪华，出行的车驾也很名贵，一旦外出，后面就跟随大队的车马。当他的父亲对此提出批评以后，他才幡然悔悟，表示痛改前非。后来他的衣服被褥都用普通的布料制作。所用餐具也没有采用金银等贵重金属，而是寻常的瓷器和漆器。有一次，他床边的寝帐破了，他的一位妃子想为他换上新的青绢材质的寝帐，不料却被他拒绝。原来钱镠认为原来的寝帐虽然老旧，但是依然可以遮风。如果换新的，难免会开奢侈之风，如果后代和下属效仿，注定会对百姓造成困扰，所以他仍然坚持用旧寝帐。

他对手下官吏的管理也很严格，而且他手下的大小官吏都十分认真负责。钱镠有次出城访察民情，直到半夜才回去。结果到达城门时，他发现城门已经被守城的小吏所关闭，他只好呼喊掌管城门的小吏为自己打开城门。小吏认为已经过了开门时间，于是拒不开门。钱镠称自己是吴越王的办事人员，希望网开一面，但仍被小吏拒绝。小吏还说，即使是吴越王亲自叫门，这个时间也不能打开城门。钱镠只好又走了半天，从另一座城门处进城。之后，钱镠并没有处罚那位尽职尽责的小吏，反而表扬了他，给予他很多赏赐。

钱镠认为执政应当"以民为本"，而"民以食为天"，所以首要的就是发展农业生产。于是他率领民众大兴水利，疏浚淤塞的河道，修筑堤坝，防止水患。鼓励百姓垦荒，扩大了太湖周围的圩田，使得粮食产量大增，解决了人民的吃饭问题。他还鼓励手工业和商业的发展。在当时，吴越国的手工业十分发达，造纸、纺织、陶瓷等行销全国各地，甚至卖到国外。由于钱镠的鼓励，吴越与外国的贸易往来十分频繁，明州成为当时著名的贸易港口。

钱镠的这些政策使得吴越地区局势稳定，百姓安乐，在当时混乱的政治局势下，吴越地区成为最富饶的地区，为浙江粮仓的开拓、苏杭的繁华做出了巨大贡献，他的历史功绩也为后人所铭记。